JN005807

急に仕事を失っても、

1年間は困らない貯蓄術

佐藤治彦

AKISHOBO

まえがき

危機は急にやってくる。老後は必ずやってくる。

新型コロナウィルス、東日本大震災、リーマンショック。日本全体を襲った未曾有の経済危機はこの13年で3回もあり、そのたびに多くの人が急に仕事や給料を減らされたり、仕事そのものを失う危機に襲われました。

また、会社が倒産したり、さまざまな事業環境の変化で会社がなくなったり、大規模なリストラが始まったりすることもよくある話です。外国では公務員さえリストラの対象になっています。また、社内の人間関係や超ブラックな仕事環境に耐えられなくなったり、病気や怪我で働けなくなるかもしれません。これらのために、来月はあると思っていた収入が急になくなってしまうことがあるわけです。

生活の危機は、予告なしに急にやってくるのです。

私たちはそんな不安の時代に生きています。危機に幸せを壊されない生活力が必要です。まずは1年間、収入が途絶えるという危機が起きたとしても乗り切れる生活力があれば、どれほど不安が解消されるでしょう。その1年の間にきっと次の一手を打つことができると思うのです。

では、危機に強い生活力とはいったい何でしょう？

まず誰もが思い浮かぶのは現金、貯蓄でしょう。手元にいくばくかの貯蓄があれば、家賃も光熱費も払えます。食事もできます。万が一のことがあっても、すぐにホームレスになったり、食べるのに困ったりすることはなさそうです。ですから、いままったく貯蓄のない人はお金が残る体質に、少しは貯蓄があるという人には、もっと多くの貯蓄を作るための貯蓄術を身につけていただきたいです。

自らが持っているお金の力は大切です。しかし、それだけで危機を乗り切ろうとするのでは効率がよくありません。どういうことでしょうか？

たとえば、雇用保険などに入っていれば、失業給付などさまざまな支援がありま す。支援を受けるための条件はなんでしょう？　どうやって申請すればいいのでしょうか？　また、誰もが使えるものとして、新型コロナウィルスでの支援にも使われた緊急小口資金は個人で最大75万円、無利息、無保証人という貸付けの制度がありま す。貸し付けるだけでなく、返済が不要になることもあります。住居に関しては、住居確保給付金もあり、通常は最大で9ヶ月間、家賃援助があります。こうした情報を集め知っておく。そして、必要な時にはきちんと手続きをしてさまざまな制度を自らの味方にする。こうした知識力、情報力も大切です。

さらに、ぜひみなさんに考えてもらいたいことが、生活の柔軟性です。たとえば、食費です。2人で毎月20万円の予算で、高額な外食に行ったりしながら食生活を楽しむこともできますが、5万円の予算になっても、安心安全な食材を調達し美味しく調理し、やはり食事を楽しむことも可能なはずなのです。どちらにも食の楽しみはあるものです。環境によって、どちらでも楽しめるしなやかな柔軟性を持っておくことはとても大切だと思うのです。しかし、多くの人が、何が起きるか分からない時代に真逆のことをしてしまっています。

いつかまたやってくるだろう次の危機までに、より強い生活力をつけて、もっと不安の少ない生活を送るためにすべきことはどんなことかをこの本では書いています。

こうした危機に備えつつ、もうひとつ考えてもらいたいことがあります。誰にでも平等にやってくるのが老いです。その時の生活の家計の基礎になるのが年金です。会社員や公務員の方なら多くの方が厚生年金として毎月多くのお金が天引きされ、自営業などの方も国民年金を払っているでしょう。しかし、この年金制度のことをどれだけご存知でしょうか。若いうちから知っておいて準備をしないために将来もらえる年金を大きく減らしてしまっている人が大勢います。また、年金は現役時代の危機にも生活の助けになることがあります。そこで、この本では年金についても取り上げました。

お金を増やす貯蓄術、お金にまつわる知っておきたい知識、うまく利用する技術。そして、柔軟性。こうしたお金まわりの話を中心に思うことを綴ってみました。出来るだけ分かりやすい表現で専門用語を避けながら書きました。読まれる時にこの本で大切だと思うところにラインマーカー、もしくは鉛筆で印をつけ、汚しながら読んでみてください。家族や大切な人と回し読みもしてください。この本を真っ黒にしてくれたら、きっとあなたと家族の生活力は強くなっていると思うのです。

２０２１年初夏　新型コロナウィルスのステイホームのときに

佐藤治彦

急に仕事を失っても、1年間は困らない貯蓄術　目次

第1章

新しい日常と私たちの生活。新しくなること、変わらないこと

第2章

10年後のお金の使い道は、10年後の自分に決めさせる

住まいと保険について考える 67

第3章

年金で知っておいてほしいことをひとつひとつ順に説明します

第4章 夫が亡くなったあと妻は年金をどれくらいもらえるのか？そして年金の未来は？

第5章

コラム

経済評論家のひとりごと

プロローグにかえて
――いまは貯蓄がゼロか、それに近いあなたにぜひ考えてもらいたいこと

2020年に新型コロナウィルスに日本と世界は襲われました。ほぼ、すべての人が困ったのですが、ダメージは公平ではありませんでした。世界でも日本国内でも、経済的に弱い人がより困窮したのです。

正社員の人もリモートワークとなり残業代が減らされ大変ではあったのですが、元から手取りの少ないバイトや契約、非正規で働く人は、仕事そのものがなくなって収入ゼロという人も多くでました。クビにならないにしても、飲食店のアルバイトで生活をしていた人は、多くのシフトを外されてほとんど収入がないということもおきました。コロナが過ぎ去れば、生活は元どおりになるだろうと思っても、貯蓄がまったくない人は目先の1、2ヶ月の収入がなかったら、家賃も食費も払えません。家を追い出されてホームレスになった人もいます。コロナの前から、必ずしも余裕があったわけではないのです。毎月のお給料が入ると、そこから家賃や光熱費が引かれ手元に残ったお金は、1ヶ月のあいだに食べることや、遊ぶこと、時には家具とか洋服とか

そういうものに、あっという間に消えていく。

年に何回かは、次の給料まで、あと10日というところで本当にお金に困ってしまってどうしようと悩む。そういう人は多いのです。毎月の生活がギリギリな感じです。もしかしたら、あなたもそういう経験はありませんか？　いや、そんな生活をしていませんか？

となると、通帳にお金がほとんど入っていないと思います。貯金ゼロです。

昭和から平成の前半にかけての日本と、令和の日本では働く人の経済環境がすっかり変わってしまいました。今は貯蓄ゼロの人は珍しくありません。それは普通のことです。

今の日本で貯金がまったくない人は若い世代で3世帯に1世帯。60代以上でも3割くらいいます（2人以上の世帯）。だから、だいたいほぼすべての年齢で3割強です。

一方で平均的な貯蓄額は30代で470万、60代以上だと1410万円と報告されています（2017年11月、金融広報中央委員会）。貯蓄ゼロの人が3人に1人なのに、貯金の平均が30代でも470万ということは、持ってる人が平均をグーンと押し上げているわけです。そんなこと聞きたくないですね。わかります。でも事実なんです。

きっとものすごくいい給料をもらっているからだろうと思うかもしれません。まあ、そういう側面は否定できません。確かに、収入の高い人は貯蓄も増える傾向はあります。しかし、年収1000万円以上ある人でもまったく貯金がない人もいます。それも1割くらいいます。

反対に年収が200万円くらいでも貯蓄ができている人もいます。

だから、貯蓄ができるかどうかは、年収だけで決まるとは言い切れないのです。僕はこの本を読んでくれるみなさんに年収にかかわらず少しでも貯蓄できるようになってほしいのです。

年収が低く、貯金がまったくない人は、自分には貯金は無理だと思ってます。確かにできない人もいるとは思います。そして、今までと同じような生活を送っているだけでは貯めるのはむずかしいでしょう。だって、今までの生活では貯蓄ができなかったわけですから。

つまり、貯蓄ができるようになるためには、生活を変えなくてはいけません。

こういうと「ケチになれって」いうことか！　と決めつける人がいます。そういうことではないのです。まあケチになっても貯蓄はできますが、それでは生活というか、人生が楽しくないです。

よく考えてもらいたいのです。まわりにあなたと同じくらいの年齢で同じくらいの給料をもらってるのに貯蓄ができている人はいませんか？　別に３００万円の貯蓄がなくても１００万円でも50万円でもいいです。いるでしょう？　僕はあなたに、そんな貯蓄のある人になってほしいのです。コロナで仕事がなくなってしまった時に、まったく貯蓄がゼロの人と、50万円貯蓄がある人では、置かれた環境は大きく違っていたはずです。

では、まったく貯蓄がない人と、50万円の貯蓄がある人との差はどうしてできたのでしょうか？　それを、この本で語っていきます。

貯蓄は老後のためにする。将来の夢のためにする。そう思ってる人がいます。でも、僕はこうとも思います。

貯蓄は安心と自由のためにする。

なんで、手元にお金があったほうがいいのか？　貯蓄をした方がいいのでしょう。まずは、新型コロナウィルスの自粛生活の中で味わったように、いざという時の安心のためです。コロナでなくても、急に収入がなくなることはあります。たとえば、毎月15万円で生活している人は、60万円の貯蓄があれば、何らかの理由で収入が入ってこなくなったとしても、４ヶ月はお金には困らないということになる。いざという時のための安心となるのです。

そして、もうひとつは、自由に生きていくためです。

毎月のお金が右から左ということになると、暮らしていくためにお金を追いかけ、お金に追いかけられる生活になります。お金に縛られてしまう。

僕のよく行く居酒屋はお客さんが少ないと、元々は11時まで働く約束だったバイトの若者に9時過ぎに上がっていいよと店長さんが伝えています。遊ぶお金のために働いている人はそれでもいいのでしょうが、バイトの給料で生活している人にとってみると、2時間早く仕事が上がるということは、その分の2000円以上の給料が減るということです。たとえばシフトに入っていたバイトをこのごろお客さんが少ないからとか、新しくバイトを入れたとかで、3日も働く日数を減らされたら、2万円以上も収入が減ることになります。他のバイトも探そうかということになるわけです。来月の食費がきついなと心配にもなります。

貯蓄がないとこうして少しでも収入を増やしたいとお金を追いかける毎日を過ごし、日々出ていくお金にどうしようと悩みながら生活をすることになるわけです。これはお金に縛られた生活だと言えます。お金に手足を縛られ自由でない。体調が悪くても、休むことさえできなくなります。

2018年の6月に年金2000万円問題というのが起きました。老後に公的な年金以外に2000万円の自己資金が必要だというリポートを、厚生労働省が頼んだ偉い先生や金融のプロがまとめたら、国民が騒然としてしまったという話です。

でも、僕は知ってます。2000万円どころか貯蓄が20万円もなくて、老後の心配でなく、今月のお金の心配をしている人にとってみれば、「何、言ってんだよ、そんな老後の心配なんて、たいそう贅沢な悩みだよ」と思ったはずなのです。

この文章を読んでくれているシニアの人ならば、今さら2000万円とか言われてもどうすればいいの？　と思ってるはずです。

もしも、あなたが貯蓄がまったくないか、ほとんどない人だったら、ちょっと想像してみてください。貯金通帳に500万円、いや200万円でいいです。つまり、2の後にゼロが6ついた残高があったら、少し気持ちがラクになると思いませんか？同じお金の心配をするのでも、今月のお金の心配でなく、もう少し将来のことまで考えられる、つまり、自分の人生のことを考えられるようになると思うのです。

まったく貯金がないと、バイト先でいじめやセクハラまがいのことをされたとしても、辞めたらすぐに食べられなくなります。だから、それを我慢する人もいます。仕事だけでもキツイのに、いじめやセクハラまで我慢しなくちゃいけないのは辛いです。でも少しでも蓄え、貯金があればそんな最低の職場から抜け出して他の仕事を探すこともできるはずです。

高校時代の仲のいい友人から結婚式に招待されたら喜んで出席できる。お祝いのお金を考えると困ってしまって、欠席の理由を探そうとする、そんな哀しいことをしなくてすみます。久しぶりに連絡してきてくれた友だちから、千葉にある東京のネズミの王国に遊びに行こうと言われたら、たまにはいいかも！　とバイト先に休みを出して、楽しむこともできる。

僕はそんな生活をしてもらいたいのです。

もしも、もう少しお金があって、それこそ５００万円の貯金があったら、若いうちにバックパッカーで世界を旅行して歩いてみようと思うかもしれないし、前からしたかった法律とか税金の勉強、簿記とか、いや、ペットの美容師になる学校の学費とか、そういう転職のために必要なことや、夢を叶える準備のためのお金にすることもできるかもしれません。

お金の余裕があるということは、そういう自由を得ることなのです。

第 1 章

新しい日常と私たちの生活。新しくなること、変わらないこと

新型コロナウィルスの
巣籠もり生活で見えてきたこと

お金がない人から、お金がある人に変わるためのシンプルな法則

毎月の生活でお金に困らない。生活しながらお金が増えていく、つまり貯蓄ができる生活とはどうすればいいのでしょう？

方法はいくつかあります。

貯蓄ができる生活とは、入ってくるお金よりも出ていくお金が少ない生活のことです。25万円の収入があるのなら、25万円以下で生活すれば、お金は残ります。当たり前ですね。

だから、みんな入ってくるお金を増やし、出ていくお金を減らす工夫をするのです。

入ってくる方では、収入が増えるようにする。同じ仕事をしていて、もっと給料をもらうことができればいいのですが、それはなかなかできません。お金を払う方は、むしろ、給料を少なくしたいと思っているからです。もちろん、働いてもっと収入を増やす努力はしてほしいです。サラリーマンであれば、勤めている会社で今よりも高い評価を得て給料をあげてもらう。時には、残業などを積極的にして収入を増やす。もっと高い給料を払ってくれる会社に転職する。いろいろと方法はあります。それから、入ってくるお金を増やすには、副業や、遺産相続、宝くじやギャンブルで当てる、株式など投資でお金を増やす。そういう方法もあります。

ただし、宝くじもギャンブルも基本的には損をするように設計されています。もちろんスロットやパチンコなども同様です。年末ジャンボなどで夢を買うなら、1万円も使うのはやめておいた方がいいです。年に3万円宝くじにお金を使うことは20歳で働き出して60歳になるまでの間に、120万円使うわけで、そして、宝くじの設計上、平均して返ってくるのは60万円にもなりません。どうしても夢を買いたいのなら300円のくじ1枚で十分です。

株式や為替、金などの運用もおすすめしません。たまたま儲かった人が声高に自慢します。たとえば、素人の自分も投資で1億円儲けることができたと言って自慢していますが、それは、たまたまです。理論もクソもあったものではありません。1億円儲けた人の裏で人生を狂わされるくらい損をした人が山ほどいる。そんな人は自慢して本など書きません。こっそり隠しています。そして、大儲けした人よりも損をした人の方が何倍もいるのが、株式など投資の世界です。金融のプロでさえむずかしい相場を、生業を持ちながら片手間に投資をして簡単に儲けたいと思うのは虫がいいというものです。ですから、私は株式投資や為替や商品先物取引など、どれもおすすめしません。

ただし、多くの人にとって人生で4、5回くらいはリスクをとって投資をしても構わない時もあると思います。それは、市場が行き過ぎてゆがんだ時です。リーマンショックや東日本大震災の時、ユーロ危機の時にも、株式市場は異様なほどまで下げました。市場機能が一時的に麻痺して、誰もが悲観的になり、市場が売られ過ぎてしまう。それは、時が経てば戻るのです。そういう時に投資をするのはけっして悪いことだと思いません。ただし、そのためには準備が必要です。

まわりはみんな損をしていて蒼い顔をしています。そんな時こそチャンスなのです。詳しくは、また他のところでお話ししますが、基本的にはリスクのある投資を私は勧めません。

ここまで、あれもダメ、これも大変と否定的なことばかり話してきました。なぜなら入ってくるお金を増やすということは、基本的な主導権はお金を出すほうが握っているので、そう簡単にいかないからです。しかし、反対に私たちが主導権を握れるものがあります。それは、出ていく方を工夫することです。入ってくるお金より、出ていくお金の方が少なければ、お金は貯まると、最初に申し上げました。入ってくる方を増やすのがむずかしければ、出ていくお金を減らす工夫をすればいいのです。

要するにケチになれっていうことでしょう。そう決めつける人がいます。ため息です。ケチになれってことを我慢するってことと同じことだと思ってるからです。

もちろん、月の手取りが15万円くらいで家賃も食費も光熱費も払わなくちゃいけない人は大変だと思います。あれも、これも我慢ばかりの生活なのかもしれません。それでも、もう一度、考えてもらいたのです。僕が言う出ていくお金を減らすことは、ケチとはちょっと違うと思ってます。だいたい、ケチっていったいどういうことなのでしょうか？　すごく感覚的なことだし、ある人にとってはケチに思えることも、ある人にとっては当たり前に思えることもあるわけで、ざっくり言うと、ムダなお金は使わない工夫をしてほしい。ということなのです。**ほしくないものは買わないもの、ムダなことにはお金を使わない。それは、ケチとはちょっと違うことだと**思うのですが、どうでしょう？

もうひとつは、**税金やルール、仕組みを知って、行動すれば、きちんと得すること**が山ほどあると付け加えておきたいです。

たとえば、この10年以上、ふるさと納税という仕組みがあります。また、継続的に地域振興券というものも発行されています。これらは、その仕組みを知って行動を起こした人だけが得をします。僕の住んでいる東京都世田谷区でも毎年募集されています。10万円で、11万円とか12万円の商品券と交換してくれます。どこで使えるかを調べてみると、世田谷区内の有名スーパーやディスカウント店などでも使えます。元々手頃な価格のスーパーや激安ディスカウント店の商品をさらに安く買うこともできるのです。もともと割安の酒屋さんで、割引になったビールのケースをさらに1割とか2割安で買うことができるわけです。ケチをしているわけでも節約しているわけでもありません。制度を知って利用して得しているだけです。

これらは、支払った税金の一部を取り戻す行為です。さらに言えば、たとえば、国民年金や厚生年金、イデコなどの金融と税金の関係についてのルールを知ってるか知らないかで、同じ収入でも、支払う税金もトータルで相当変わってきます。同じ収入でも、実質的に国や地方に払う税金の金額が違ってくるのです。コロナの時にも申請をすればもらえた持続化給付金や10万円の特別定額給付金や住居確保給付金。これらを申請しなかったためにもらわなかった、もらえなかった人は山ほどいます。

そういう人たちに、なんで申請しなかったの？　と尋ねると、ほとんどの人がこう言うのです。「面倒だったから。よく分からなかったから」。

大抵の場合は、知らない。そして、やり方を自分で知ろうとしない。面倒だからです。これは、私たち現代に生きるものにとって、ひとつの大きなハードルです。しかし、この面倒、というハードルを乗り越えると、途端に得することが山ほど出てくるのです。きちんと情報をキャッチする。面倒がらずに調べて手続きをする。これをするだけで、相当生活が変わるのです。

年金の制度をほとんど知らずに老齢期になってしまったために、少し準備をしておけば、もっともらえた年金をもらえなくなってしまった人が山ほど、本当に大勢います。年金や健康保険制度のことを知っていくと、自分が入るべき、民間の生命保険、医療保険のどれが相応しいか分かってきます。しかし、何も勉強していないと、テレビのコマーシャルのイメージや、無料で相談できるという謳い文句で知識のない人を集めて保険を販売する、保険販売代理店で契約してしまうのです。専門家がいいと言ったという理由です。本当にそうなのでしょうか？

私は、みなさんに、**ムダなお金の支出はしていませんか？　面倒だからと、知らなくちゃいけないお金まわりのいろんなことを放ったらかしにしていませんか？**

それを強く尋ねたいのです。

ムダなお金の支出のことを考えるために、タンスから洋服を全部出してみてください

あなたの洋服ダンスにある洋服の中で、2年以上着ていない洋服は何割くらいありますか？　履いていない靴は何足ありますか？　いま冷蔵庫の中に入っている食材を全部言えますか？

テレビのコマーシャルで、〇年も着ていないんなら、もう着ないよ。買い取ってもらったら？　♪～　着物を売るなら、ルンルンルン！　というのがありますね。あのコマーシャルを聞いてドキ！　とされた方は結構多いのではないでしょうか。

ここで考えていただきたいことは、ズバリ！　ムダとはどういうことかです。よく家族の中で人の買い物に「また、ムダなものにお金を使って」などと小言を言いたくなることがあります。何がムダか？　それにも、いろんな考え方があって人それぞれなのですが、誰もがうなずけること。それは、使わないものにお金を使うことです。

洋服ダンスにあるもののうち、礼服など特別なものを除いて、日常着る衣類でローテーションに入らないものは少なくありません。ローテーションに入らないということは着ない服です。私は、Ｔシャツなどの衣類を買うと、まずは外に着ていきます。

渋谷や新宿で人と会う時にはみすぼらしい格好で行くのは相手に失礼ですから、自分の好みだけで決めないようにしています。それらの服も何年かすると、近くのコンビニやスーパーに買い物に行く、郵便局で書留や小包を出す時の洋服になります。そこそこ、まともな格好で清潔にして行くように心がけます。それまで遠出の服装だったものが、ご近所でのちょっとした外出用のローテーションに格落ちしていくわけです。

何十回も時には１００回以上も着て洗濯していくと、Ｔシャツなどは首まわりなどがよれてきます。だらーんとしてしまう。しかし、着込んで肌にも馴染んでとても着心地がいいので、とくに気に入ったものだと、アイロンがけして首まわりをシャキッとさせる手間もする。しかし、コットン１００％の生地はそのうちだらんとなるだけでなく、ほつれていきます。若い人はいいかもしれませんが、私はそうなるともう外に着ていくことはできません。しかし、肌には馴染んでいるので、次にはもうしばらくは家着で使います。そうやってもう一役買ってもらったあとに、お役御免です。愛着があるので捨てがたいこともありますが、取っておくことはしません。時には画像だけ残して捨てます。台所の汚い油汚れを吸い取ってもらう雑巾がわりにしてゴミ箱に捨てる。そんな時もあります。

着てない服なら山ほどある。そんな人も多いのではないでしょうか。他にもほとんど聴かなかったCD、ほとんど使わなかった化粧品、それだけではありません。買ったけれど食べなかったもの。賞味期限が過ぎてしまったので捨ててしまった缶詰、スイーツ。冷蔵庫の奥で腐ってしまった買ったことさえ忘れていた食材たちがどれだけ多いことでしょう。日本では食べものの半分くらいは捨てられるそうです。ただ、この半分というのは重さベースなので、たとえば、果物の皮とか、食べもののうち食用には適さないから捨てた部分も入ってはいるようです。それは仕方ないですね。でも、食べられるものを捨てるのはもったいないです。

着ない服、食べなかった食料。それらは最終的にゴミになったわけです。つまり、お金は大切に使わなくちゃ、節約しなくちゃと生活しているのに、ゴミにお金を払ったのと同じなのです。なんで着ない服、食べない食料にお金を使ってしまうのでしょうか？　多くの事例を見て思うのは、それはほしいもの、必要なものを買うというよりも、なんとなく知らない間に買ってしまったということが多いのではないかと思うのです。時にはお財布の紐が緩んでしまって買ったことも多いと思います。

バーゲン、お買い得、限定品にご用心

必要ないものなのに買ってしまう。節約しているつもりだし、後から考えると大してほしくもなかったのに買っている。たとえば、テレビや雑誌で人気だと言っていたので買ってみることもあるでしょう。とくに「限定品」という言葉に多くの人は弱いものです。現代に生きる私たちは、少しでも得したい。もう少しはっきり言うと、他人を少し出し抜いてでも得したいと思うものです。

だから、限定品、先着何名などと聞くと買っておかないと損と思ってしまうこともあります。売る側はプロですから、煽る言葉や商法で、消費者に冷静な判断を下せない状態にしてしまうことなどお手のものです。テレビの通販番組では、こんないい商品です。では、みなさんじっくり考えていいなと思ったら、お電話くださいなどと言いません。この放送後30分以内にお申し込みの場合には、あと2000円安くします。おまけに、特製の枕を差し上げますと、煽ります。冷静な判断を失わせる手法だと思ってしまいます。

もちろん、原料が貴重でほとんど取れないために限定で作られるものもあるでしょう。しかし、多くの場合は、人を煽るために限定品と銘打ってるものばかりです。企業は多く儲けたいのが当たり前。限定品として販売して、山ほど売れると分かったら、限定品ではなく通常販売に切り替えることも多い。売れるかどうか分からないから、ちょっとだけ作ってみた。そんな、名ばかりの限定品がどれほど多いか。

限定品で山ほど売れると、今度は、消費者のみなさんのご要望にお応えして、いつでも売るようにしました！　となっていきます。びっくりです。

しかし、限定品以上に誰にとっても思考停止になってしまう魔法の言葉が「お買い得」です。バーゲン価格に多くの人が心を奪われ、買っておいたほうが得と誘導され、たいしてほしくもないもの、要らないものも買ってしまう。商品を売る側は、謝恩セールなどと言って日頃のご愛顧に感謝してバーゲンをいたしますと言いますが、私はあまり信用していません。確かにほとんど割引にならないものが安くなることもあるのですが、大多数は、当初の価格では売れないから安くしているだけです。たとえば、今シーズンの流行の洋服が最初は2万円で売られていた。それが売れないから1万円にと5割引にしてあったとしても、それは、その洋服の価値が2万円あると多くの人が認めなかったから売れ残った。それが半分の1万円で売れたとしても、それは消費者が1万円の価値しか認めなかったというだけです。それは割引ではなく、その商品の妥当な価格なのです。ところが、その半額の1万円で買ってる人は、**2万円だったものが1万円で買えるとは、1万円得したわ！**　と思ってしまうのです。

私は質問したいです。**その商品は2万円だったら買いますか？**　買いませんでしたよね？　つまり、あなたはその商品に1万円の価値しか認めてないのです。それに、2万円では思ったように売れなかったのです。もしかしたら、誰も2万円で買ってないのかもしれません。それは、元々の2万円という価格自体が間違いだったからです。それに、流行の洋服をシーズンの途中で買うってどうでしょう？　もう着られる時間は相当過ぎていませんか？

例年7月も半ばに入ると、水着のバーゲンが始まりますが、シーズンも半分になって、そろそろ海ではクラゲが出る頃になって安くされてもなあと思います。本当にほしいのなら、シーズンの初めに誰よりも早く正価で買って、思う存分楽しんだ方がいいのではないか、と思うのです。我々、消費者は半額、割引という言葉に本当に弱い。それは、人は誰でも少しでも得したいと思うものだからです。その心のちょっとダークな部分を利用して売られるのがバーゲンだと思うのです。

食料品もそうですね。冷蔵庫の奥で腐ってしまうもの、食材の棚で長いこと手をつけずに賞味期限が切れてしまうものは、買ったその日に必要だったものではなく、安いから買っておこう、そのうち使うだろうと買ったものばかりです。もしくは、1個300円だけれど4つなら1000円だよ、と言われて4つ買ってしまう。必要なのは2個だけれど、と思いつつ買ってしまう。そして、食品はどんどん古くなる。生鮮食品なら味は落ちる。そのうち買ったことも忘れてしまう。挙げ句の果てに……こんなことを繰り返していませんか？　食べないものを買ってしまう。それは生ゴミにお金を出して買っているのと同じことです。

バーゲンが悪いなどとは言ってません。僕も安いのは大好きです。しかし、安いからと買わない。**「要らないものは買わない」くせをつけましょう。**買う前に、この商品は割引がなくても要るもの、ほしい商品だろうか？　そこをもっと考えてもらいたいのです。定価でも必要な商品が、今日は20％引きになってる。それで初めてお得なのです。それが、いつ使うか分からない商品だけど、今日は割引だからと買うから不要なものまで買ってしまうのです。

家にすでにあるものを買ってしまうこともあります。買ったことをすでに忘れてしまっているのです。そこで、買い物に行く前に冷蔵庫の画像をスマホで撮ってから出かけてくださいという人がいますが、そんなの無理です。冷蔵庫の奥にあるものが一番やばいものですが、冷蔵庫を開けてスマホで画像を撮っただけではそういう商品は写りません。冷凍庫の奥で眠ったままの冷凍食品のことなど、すっかり忘れてしまっているのが常なのです。ましてや、買ったままタンスの奥にある肌着やソックス、日用品のことまで分かるわけがありません。

いったいどうしたらいいでしょうか？　みなさんはどんな工夫をされていますか？

ムダなものを買わない。
使わないものにお金を使わない。

これこそ、お金の貯まる生活にしていくためにとても重要なキーワードだと思うのです。とくに**バーゲンという言葉に惑わされない**。ここ、ポイントです。

新型コロナでわかった。断捨離生活は危機に弱い

要らないものは買わない。バーゲンに負けて余計に買うと賞味期限が来てしまう。ムダにはしたくないから賞味期限が近いものから食べていくというのもなんとなくヘンテコですよね。

現代人はものに溢れた生活をしすぎている。その反動からか、平成最後の5年くらいから、断捨離ブームが始まりました。ものにとらわれない生活。必要最低限で暮らしていくシンプルライフ。すると、あれも要らない、これもやめとく。若い人の部屋にいくと、家具がほとんどないままに住んでいる人も珍しくありません。洋服も数着しか持たず、「着ていく服に悩まずに済みます」って笑ってる。携帯があれば、確かにテレビもパソコンも不要なのかもしれません。冷蔵庫はあったのですが、ほとんど中に食料品が入っていません。こうして、家に不要不急な在庫をなくしていく、今日や明日、食べるものしか買わない。しかし、ムダなものは買わないと言ってる僕にも、その生活にはちょっと違和感がありました。私はこういう生活もどうかと思うのです。

それを強く確信したのは２０１１年の東日本大震災の時でした。私はミネラルウォーターは2リットルのボトルで常に12本以上のストックをしています。東日本大震災の時には原発事故もあり、一気に水が売り切れてしまいました。東京は大きな被害はなかったのですが、水道水が放射能で汚染されていると噂が出たことも関係していると思います。小さなお子さんを持つ知人が、子どもに飲ませる水、乳幼児のミルクのためにミネラルウォーターがないと、困っていたのを知って、水を何本か差し上げたらすごく喜んでくれた。放射能汚染の噂が流れた時には、みんなが疑心暗鬼になってしまいました。実際のところは分からないけれども、私もミネラルウォーターを多用する生活にしばらく切り替えました。街で必死の形相で高値がついたミネラルウォーターを買っている人を見て、自分は「ああ、助かった」と思いました。それから、適切なストックは安心感につながる。いざという時にバカ高い価格で商品を買う必要もないので、家計に優しいと気がついたのです。安いからといって、2リットルのミネラルウォーターを１００本も買うことはしないけれど、数本しかないという**断捨離もしない。ちょうどいい加減を考える。そして、ストックが少なくなったら、バーゲンの時に買って補充する。**そういう生活を続けています。食材、日用品、衣類の適度なストックは保険のようなもの、安心のために必要だと思うのです。

２０２０年2月の終わりに、新型コロナウィルスの流行により、全国の小中・高等学校が休校となり、感染への不安が急速に広がった時に、トイレットペーパーやインスタント食品がなくなるかもしれないとの噂が広まり、多くの人がスーパーなどに買い物に走って、品物があっという間になくなりました。コメもなくなりました。みなさんはどうでしたか？

私は、コロナウィルスのために慌てて買ったものはありません。武漢で騒ぎが起きた時にこのままでは、いずれ日本にも入ってくるだろうと、マスクを確保しましたし、アルコール消毒液は手に入らなかったのですが、代替品は手に入ったので、友人知人にお裾分けしました。食材も日用品も並んで買ったものは何もありません。近くのスーパーではいつもはそんなに売れない高い商品まで売れているのを見てびっくりしました。そして、いま一度思ったのです。

行き過ぎた断捨離は危険だ。

安心な生活のための、適度な備蓄を賢くする方法

断捨離ブームで家に出来るだけモノを置かないようにする人が大勢います。それは、食品や日用品にも徹底されています。冷蔵庫の中で買ったことも忘れて腐ってしまう食材のことを考えると、余計なものは買わないという方針は家計にとってとても正しい方向性だとは思います。ただ、日本人は真面目ですから、それを徹底しすぎます。若い人の家の冷蔵庫にほとんど何も入っていないのを見て、冷蔵庫の電源を落とした方が電気代も安くなっていいのにと言ったことがあるくらいです。冷蔵庫にモノが入っていないのは、入れておかなくても困らないからです。昭和の中ごろまでは、お盆と正月は住宅街のお店は1週間以上も一斉休業することがありました。ですから、家庭の主婦はお店が休みの間の分の食材は買い込んで、日持ちのするものしないものを考えて調理したり使ったりしていたものです。それが、１９８０年代にコンビニエンスストアの24時間営業が当たり前になって人々の生活は一変します。平成の中

ごろからは都市部ではスーパーの食品売り場は24時間営業することが多くなり、地方でも夜遅くまで営業している店舗が増えて、家に食材や日用品を備蓄しなくても、なくなってから買いに行けば困らない生活になったのです。

家に備蓄をしない。それがスマートな生活と考える傾向があります。もちろん、2020年、コロナでのトイレットペーパーやコメの騒ぎは、ちょっと行き過ぎだと思います。多くの人もそう思っているはずです。それでも、家にトイレットペーパーがなければ、何軒も店をはしごしたり、朝早くからドラッグストアの前に並び、奪うようにしてでも手にいれなければ今までの生活のスタイルを維持できなくなったわけです。

トイレットペーパーがなくなるという噂はネットで拡散しました。噂を信じた人が買いに行き、そんな噂は嘘だと思う人も家になくては困るから、店からなくなる前に買っておこうとする。たまたまスーパーでみんなが買ってるのを見て、何かわけがわからないけど買っておく人も出た。こうして本当にトイレットペーパーはなくなってしまったのです。

そして、そんな時にトイレットペーパーを慌てて買う人は、細かい品質や値段などは気にしてられません。あるならなんでもいいやと買い物をします。普段なら10円安いか高いかと価格に細かくこだわる人もそんなことを言ってられないのです。僕の家の近くの米屋さんで、８ロール９００円（税抜）のトイレットペーパーを高級品として売り出した時には笑ってしまいました。そして、それを仕方なく買っている人もいたのです。

今回のコロナの場合だけでなく、普段の生活でももし家に必要なものがなければ値段にかかわらず買わなくちゃならない。そういうことが生活必需品には言えます。ですから、**賢く安く買い物ができる人はちょっとした備蓄を家にしている人**だと思うのです。ちょっとした備蓄。つまり、たくさん過ぎても少なすぎてもダメだと思うのです。この「ちょっとした」というのがむずかしいですね。

備蓄が少なすぎると、前述したように値段にかかわらず買わなくちゃならないことが起こる。

しかし、備蓄が多すぎるのもいけません。おしょうゆがいつもより20円安いと1年分も買い込んでしまうようだと、場所はとるし品質の劣化も心配です。そのあとに、驚くほど安いバーゲンに出会ったとしても、ああ、こんなに安いのに家にはしょうゆがたくさんあるから、もう買えないということになります。

適度な備蓄をしている家庭であれば、こういう心配はありません。すごく安い時には少し多めの備蓄をして、備蓄が減ってきたら次の安い時を待って買う。この商品はだいたい月に一度は安くなると分かっていれば、その倍くらい、**だいたい2ヶ月分の備蓄があれば安心**です。たまたまバーゲンを見逃してしまっても、次の機会にきちんと買うことができます。問題は、この商品はいつでも安いとか、プライベートブランドを使うことにしているから値段がいつも同じだというような場合です。それなら、1~2ヶ月、せいぜい3ヶ月の備蓄をしておけば安心です。今回のような騒ぎが起きても人々が冷静さを取り戻し、店に商品がいつものように並ぶまでは、せいぜい数週間だけです。半年、1年分も用意する必要はないものです。

適度な備蓄は安く買えるだけでなく、いざという時に慌てずに済む安心感でもあるのです。困っている人にお裾分けすることもできます。いつ来るか分からない次の災害の時にも、他の人が慌てている時にも冷静な買い物ができるのです。

自分にとって適度な備蓄はどのくらいなのか、生活になくてはならないものに関しては、ぼんやりとでもいいので考えておくことは大切です。ヒントとして言えることは、今回のコロナウィルスの騒ぎで、あなたが慌てて買ったものがあるとしたら、それは備蓄が少し足りないものかもしれません。家に2ヶ月分のトイレットペーパーの備蓄がある人が、一時期スーパーからトイレットペーパーがなくなったとしても、いつも買ってる値段より何割も高い価格で朝から並んで買うようなことはしなかったはずだからです。

もうひとつ備蓄の目安で考えてもらいたいのは、たとえば、コロナウィルスの問題では、中国の武漢で感染が広がっている時から、時に14日間は隔離されるなどという具体的な日数が出ていました。それなら先手でそれを基準に臨機応変に準備をしておくこともいいのかもしれません。14日間分の備蓄があれば、外出を自ら控えたいという時にも困らないからです。

こういう騒ぎがないとしても、日本はいつ災害が起きるかわかりません。毎日の食材に関して、私のお勧めは1週間から10日分の保存のきく食材の備蓄です。災害で救援物資が来るまでにそれだけあれば、ほぼ食べることには困らず凌げるはずだと思うからです。また、台風などで急に食品価格が上がる、今回のように多くの人が買い物に走って価格が上がるという時に巻き込まれずに済むものです。家に必要なものがあるということ、日用品、とくに食べるものがあるというのは大きな安心感につながります。

自分にとってちょうどいい備蓄ってどのくらいだろう、何を備蓄しておくべきだろうかと考えてみていただきたいと思います。

賢く備蓄する技術をつけると、生活費が減っていく

ほうれん草を買おうとお店に出かけたら、新鮮で美味しそうなほうれん草が1束100円、2束140円で売られていました。取りあえず必要なのは1束も要らないくらいの少量です。あなたは何束買いますか?

「佐藤さんが、使う分だけ買いましょうというので1束」、それもひとつの答えですね。しかし、2束買ってもムダにせずにきちんと使い切る技術と知識を持っているのであれば、答えは変わってきます。そりゃあ、2束買わないと損です。つまり、この質問の答えは、あなたの生活力によって変わるというものです。そんな話をここではしてみます。

よく節約しようとスーパーや安売りのお店などを何軒かまわって買い物をされる方がいます。あそこのスーパーは玉子がいつも安く、ここの安売り店ではパンが安い。肉を買うのなら業務用スーパーのHだ。何軒かまわるのも春や秋の気候のいい時には運動になっていいのかもしれませんが、酷暑や厳冬のシーズンは辛いものがありますね。1日は24時間、東京なら1時間の最低賃金は1000円くらいですから、お店を何軒かまわることで30分くらい時間が余計にかかるのであれば、少なくとも500円は得したいものです。スーパーSで全部買ってしまうのと、ぐるぐる時間をかけてお店をまわるのと比較して違うのはせいぜい200円だとすると、週に2回は買い物をする。年に100回として……、佐藤さん、だから2万円も違うのよ。そう言われるかもしれません。でもそのために余計に使う時間は50時間です。もしもこの時間をパートタイマーでもいいので、働きに出かければ5万円くらいにはなります。スーパーのパートタイマーなら、スーパーの従業員割引の恩恵にも与かれるかもしれません。ぐるぐるお店をまわるのと、貴重な時間をお金に換えるのとどちらが得なのかは明らかです。別に働きに出かけなくても、子どものために時間を使っても、読書や音楽鑑賞、友だちと話す時間に使うのもいいですね。

専業主婦でなく、働かれていて貴重な週末や仕事帰りの疲れた体で買い物をするのであれば、なおさら200円の差にこだわるよりも、早く家に戻ってゆっくり湯船に浸かる方が合理的です。

そして、みなさんに分かってほしいのは、たとえお店を何軒かまわって何百円か安く買い物をしようが、それは安くものを買っただけの話だということです。わかりやすい表現で言うと、レジでお金を払うときの見かけ上の安さなのです。得しているかは分からない。**本当に安いかどうかは、お金を払った時には決まりません。買ったものを本当に有効に使いきったか、利用したのか、食べたのか。商品が役割を果たした時に決まるのです。**

ここで思い出すのが、アフリカ人女性として２００４年に初のノーベル平和賞を受賞した地球環境運動家のワンガリ・マータイさんが来日し大きな感銘を受けたという逸話です。それは、日本人の「もったいない」という気持ち。物を大切にする国民性に対してのものでした。私は子どものころ、母親から食事の時にお茶碗に米粒を残すと、「もったいない、暑い夏の日も雨の日も一生懸命にお米を作ってくださった農家の人に申し訳ないでしょう。食べ物を買うために働いてくれたお父さんに申し訳ないと思わないといけません」とそれこそ何度も言われました。みなさんの多くも同じ経験をされていませんか？　ところが最近の日本の実情は少し違うのです。毎年５００万トン以上の食材が捨てられると報告されているのです。外食でも2、3割が残飯になり、スーパーなどでは賞味期限切れ前に捨てられる食品も少なくありません。そして、一般家庭でも、安いからと買ったまま冷蔵庫の奥、食材の棚に置かれたまま、買ったことさえ忘れさられてしまい、結局はゴミとして捨てられるものが山ほどあるものです。これについては前述しましたね。

「いや、佐藤さん、私は買ったものは絶対に捨てない。無理してでも賞味期限のうちに食べます」という人もいます。捨てるのはもったいないから無理してでも食べるという場合は、それは、ゴミを買ったわけではないにしても、太るためにお金を払うのと同じです。


冒頭のほうれん草のこと、正解はほうれん草が1束だけ必要なのであれば、１００円で1束買う生活をしていただきたい。無理して2束買って、結局1束しか使わないのであれば、１束１００円で買えるものを、１束１４０円で買ったことになってしまうからです。

必要なものを必要なだけ買って、きちんと使い切る。10円、20円と少額の価格差、安さに惑わされずに買い物をする癖をつけたいです。安さに惑わされないことが大切です。ただし、この正解は、正確に申し上げると取りあえずの正解です。

取りあえず？　とはどういうことでしょう。

ほうれん草の質問のところをもう一度読んでください。私は、必要なのは1束弱とのです。

書いています。本当は1束も要らないのです。1束でも余るくらいの量しか必要ないのです。

お店に1束も要らないから半分50円で売ってくれと頼んでも変な人と思われるだけです。もしかしたら、こういうふうに思われるかもしれません。「使い切ればいいのね、それなら、翌日もほうれん草を使う料理にする」。それもナイスな回答です。

今回の質問の究極の正解は、ほうれん草を2束買ってもムダにしないで便利に使う技術があるので、迷わず2束買う。というちょっと複雑な回答です。

私の母親の話で恐縮ですが、母は節約と時短の名人でありました。食材を目先2週間くらいのメニューを考えて、買ったときに一度に仕込んでしまうのです。今回のほうれん草のような場合であれば、1束でなく2束140円で買ってくる。当日の料理で必要な分だけ使ってしまったあと、残りは適当な大きさに切って、湯がいて小分けして冷凍してしまう。自前の冷凍食材を作るのです。そして、ラーメンを食べる、野菜スープを作る、ハンバーグの付け合わせにする、そんなときに解凍して使うのです。

ひき肉がバーゲンで大量買いで安いとなれば、多めに買ってきて、肉だんご、ハンバーグ、メンチ、ミートソース、餃子など、ひき肉を使った料理をすぐに食べられるように仕込んだり調理して、必要な量に小分けして冷凍してしまうのです。そして、必要なときに解凍して出してくれる。

こうした生活をするために、我が家の冷蔵庫はやや大きめでした。

長ネギは泥ネギのまま買ってきます。そして、庭の端っこに植えてしまう。マンションに住んでいるときにはベランダの植木鉢に根っこの部分を指してしまう。すると、数日すると、ネギがまた伸びたりして、ちょっとした薬味に使う量に困ることはありません。玉ねぎ、じゃがいも、にんじんなどは冬の時期には、安いときに少し多めに買い庭先やベランダに出しておく。幼いころ、僕はよく母から言われました。「天然の冷蔵庫からジャガイモを2つ取ってきて！」。野菜の価格は大きく変動するものです。しかし、毎月に使える食費は限られています。栄養があり、家計の予算に見合った生活を送るためには、価格変動の影響を出来るだけ受けない生活にするべきです。

おいしく料理を作る能力、時短で簡単に作る技術、食材を上手に保存する知識。こういう能力や技術、知識は、スーパーを何軒もまわって見かけの安さを追求する以上に、生活力、貯蓄力の基本となるのです。

最近は業務用のスーパーが人気だそうです。業務用なので普通の生活をしている人にとっては大量買いとなる場合も少なくありません。単位あたりは確かに安いのですが、きちんと使い切らないとかえって高くついてしまいます。だから、**本当にお得な買い物にできるかどうかは、買った人が持っているさまざまな技術や知恵にかかっているのです。**

私の家のそばのスーパーでは夜の閉店間際になると、お惣菜や弁当の割引セールを狙ってスーパーの中をぐるぐるしている人を見かけます。料理をするのがよほど面倒なのでしょうか。半額とはいえ、毎日これをするのはとても安上がりとは言えません。さらに、惣菜売り場のお弁当などに使われるプラスチックの容器は地球環境に優しくありません。そして、半額など割引になったからといって自分で調理する場合と比べればけっして安くもありません。何よりも強調したいのは、自分で調理するのであれば、使う食材に産地や新鮮さなど、安全安心なものにこだわることができるということです。

本当にお財布に優しい買い物とはどんなものなのか、一度考えていただきたいと思います。

一番残念なムダづかいは、ストレスに関係しているのかもしれません

エンゲル係数という数字があります。19世紀にドイツの社会学者エンゲルが提唱した数値で、世帯ごとの支出のうち食費の占めるパーセンテージのことです。食費の占める割合が低い世帯ほど所得も高い傾向があることを指摘しました。

私は、ストレス係数というものを提唱したいと思っています。

現代において、多くの人の買い物や消費生活を見ていると、ストレス解消のために尋常でない金額を使っているように思えてならないからです。ストレスをお金で解決しようとする。実はこれこそ、お金が貯まらない一番大きな原因なのかもしれないと思うことがあるくらいです。生活する上で本当に必要なもの、ほしいものというよりも、ストレスを解消するために買ってしまうお金の割合です。

毎日の生活で感じるストレス。ストレスを感じない生活にどう変えていくか？　どうストレス解消するのか。それをじっくり考える必要があると思うのです。

ファイナンシャルプランナーさんや変テコ経済ジャーナリストさんの家計診断は、食費から光熱費まで1割カットしてください。平均と比べると光熱費が多すぎます。減らしてください。そういうアドバイスをする。

しかし、それぞれの家庭にはそれぞれの事情があり、生活の背景があります。たとえば、3人家族の食費の平均は1月5万9000円（酒、外食を除く）くらいだそうです。では、ある家庭で8万円使っているから、それでは使いすぎだと言うことができるでしょうか。たとえば、夫がスポーツ選手、子どもも野球部の高校生となると、8万円でもキツキツで少なすぎるかもしれません。反対に60代の夫婦と85歳過ぎの母との同居暮らしの3人なら5万円で十分かもしれません。夫婦は共稼ぎでお昼は会社が食事を提供してくれる。平日は家で簡単なものしか食べない。それなら4万円でも多いかもしれません。また、猛暑の夏に電気代が高いのは当たり前です。使いすぎだと諫めるのはばかげています。

と、いうようにそれぞれの背景が違い平均から自分の生活を考えても仕方がないと思うのです。

もちろん、生活の見直しは必要です。そして、見直しでまず一番にしてほしいことがイライラ、ストレスとお金の微妙な関係についてなのです。

忙しい生活をしていると時に僕がしてしまうことはつまみ食いです。餃子3個だけ、チョコレート半分だけ、アイスクリーム半分だけ。3食きちんと食べているだけでなく、イライラして、そういうつまみ食いをしてしまう。そして、すべてに「〜だけ」をつけてます。つまみ食いはよくないとわかっていますから、半分に我慢しているという理屈です。半分だけならいいだろうというわけです。半分だけを1日6回やったら、それこそ、半分だけの理屈は通用しないのもわかってます。でも目先のストレスに負け続けて、体重がどんどん増えてしまいました。

デニムのパンツを履いてる時に、あれれ？　と思ってしまったのです。

考えてみると、お金を払って買った食物をストレス解消のために余計に食べて太ってしまう。こんなムダなことはなくした方がいいに決まってます。

暑い部屋のエアコンを電気代がもったいないと切る。部屋の電気代がもったいないからと60ワットの電灯を40ワットにする。そういう必要なものの支出を削る節約は出来るだけしない。それよりももっと他にすることがあるはずです。

ストレスにまつわる支出。これは現代に生きる私たちには避けて通れないものなのかもしれませんが、工夫できるのであればしたいものです。

女性の場合なら、買い物はストレス解消になるとよく聞きます。必要なものであればいいのですが、必要でないものを買うのはばかげています。ミュージカルにはまっている女性を知ってます。大劇場の有名なものから、2・5次元と言われるものまでいろんな芝居を観に行かれ、趣味だと言います。しかし、ひと月のうちに同じものを5回も6回も見に行くようになったら、それはちょっと考えものです。ダブルキャスト、トリプルキャストだし、その組み合わせが面白くてという理由をつけたり、劇場にいるときだけが幸せなのとなると、もう少し普段の生活が楽しくなるような工夫をしてくださいと申し上げたくなるのです。もちろん、お金に不安がなく余裕がたっぷりある方ならば別でしょうが、ちょっと自分を見つめ直してもらえるとうれしいです。

男の場合なら、風俗やギャンブル、キャバクラなどの飲み屋通いはストレス解消目的の究極です。先年WHO（世界保健機関）が病気と認定した、スマホなどのゲーム依存症も楽しみというよりも、ストレス解消のためだと思うのです。

まあ、男だけじゃないですね。それより、男性に多いのが、集めるということ、コレクションです。ミニカーやフィギュア。ひとつは飾っておくもの、ひとつはしまっておくものと同じものを2つ買うことさえもあります。タレントと握手をするために、同じCDを何十枚も買うこともあります。集めること、手に入れることで気持ちのバランスを取るのでしょうが、聴かないCD、しまっておくために買うとなると話は別です。

一方でストレス解消のためにスポーツをする人がいます。ランニングをする。テニスに汗を流す。フットサルの試合に出る。もちろんお金もかかるでしょうが、内容も支出する金額もずっと健全ではないでしょうか。スポーツだけでなく、読書や音楽、絵を描いたりなど、ストレス解消と趣味を兼ねたことをしている人も山ほどいます。

現代に生きる私たちは、ストレス解消のために一体どのくらいのお金を支出しているのでしょうか？　それは、本当に必要なことなのでしょうか？　それぞれで、もっと賢いストレス解消の方法があるのではないでしょうか？　私は、それを見つけ出し、大切なお金を本当に必要なものに使う。ほしいものに使う。そうしていけば、お金をもっと有効に使い、貯蓄もできる人が多くいるように思うのです。そんなお金が貯まる生活に変えていくことを考えていただきたいです。

あなたのストレス係数はどのくらいでしょうか？

8

賢い消費生活は、所有するから利用するへ

新型コロナウィルスのステイホームの時間に断捨離をした人が多く、家庭ゴミの収集量が増えたそうです。しかし、捨てるときに躊躇することもあるものです。もしかしたら、また着るかも、使うかもしれないと、捨てるのをやめたものも多いでしょう。

買ったときに1万円したものを、もう使わないからと捨てるのは、ちょっとした勇気がいります。決断が必要です。僕の場合は、捨てるもの、残すものともうひとつチョイスがあります。それは、お金にするものです。

自分にとってはもう要らないものであったとしても、他人からしてみるとまだまだ価値のあるものかもしれないからです。びっくりしたのは、壊れてしまって捨ててしまうブルーレイレコーダーのリモコンです。ブルーレイレコーダーはハードディスクに損傷が起きたのか、もうピクリともしません。直すことも諦めて新しいものを買うことにしました。本体がないのでリモコンも不要です。その不要なリモコンをインターネッ

トオークションに出品してみたら3000円の値段がついたのです。リモコンだけ壊れてしまった人がいたんですね。充電器やアダプターなど、不思議とお金になるのです。また、古くなったカバンや、不要となった専門書、読んでしまった小説なども次々とお金になります。CDやDVDなども同様です。レンタルやサブスクで十分なのかもしれませんが、何回も見たいものなどは、購入しそろそろいいかなと思ったら、希望価格で出品してみます。そして、売れたら、そこでサヨナラすることにしています。

3000円で買ったDVDも何回も見てほとんど見なくなったあとで1200円で売れるなら、喜んで手放したい。それは3000円で買ったのではなく1800円で楽しんだのです。

洋服やカバン、財布なども、買ってみたものの、使わない、飽きてしまったと思ったら、他の人がほしいと思ってくれる状態の時に売ってしまう。吟味して買ったつもりでも、手に入れてみてから失敗だったと思うこともある。2万円で買ったものの、使わなかったら2万円の損です。しかし、1万円で処分できたら、1万円の損で済む。

商品はそれぞれ寿命だけでなく、自分の生活の変化、好みの変化によって相性は変わっていくものです。使わなくなったものを無理して手元においておくよりも、他の人に安く使ってもらう。**モノを所有するから、利用する、楽しむに、**考え方を変えれば、お金をもっと有効に使えるのではないでしょうか？

洋服やカバン、アクセサリーなど、１日で使える数は限られています。所有する品数が増えることは、それは、今まで買って持っているものを使わなくなることを意味します。使う回数がそれだけ減るからです。ただ持ってるだけのものも出てくるでしょう。また、いつか使うかもしれないからと取っておくという選択肢だけでなく、たとえば、いつか使うかもしれない商品だけれど、もしも５０００円で誰かに使ってもらえるのなら手放してもいいかな？　そういう判断があってもいいと思うのです。

商品は所有するから、利用するに。使えるものは、捨てるのではなく他の人に使ってもらって換金する。

長い間使ったものは思い出もあるので捨て難いこともあるでしょう。ボロボロになったＴシャツにもさまざまな思い出があったりします。前述のように私は手放す前にデジカメで画像を残すことにしています。名残りおしいからです。ただ、その画像を見直すことはほとんどありません。新しいものが次の生活に入ってくるし、思い出は心にあるものだからなのかもしれません。**所有することに執着しない。ものによって生活を豊かにすることはしても、役割が終わったら価値のあるうちに換金する。**

それは、きっと環境にとっても、自分の財布にとっても優しいことなのです。

経済評論家のひとりごと

1

ポテトサラダと老人

2020年夏。あるネットの投稿に注目が集まりテレビ報道までされました。多くの人が議論に参加したのです。その投稿は、スーパーでお惣菜のポテトサラダを買っている子ども連れの女性にシニアの男性が「母親ならポテトサラダくらい自分で作ったらどうだ」と言い放ったのを見たというものでした。

ネットでは、他人のことに口を出すな、ポテトサラダを作るのがどんなに大変なのか知ってるのか、子育て中の若い女性の生活のことをわかっていないという怒りもあれば、美味しいポテトサラダの作り方講座といった実用的なものまで、いろいろな反応がありました。

これだけ話題になったのは、それだけ多くの人が同様のことを目撃したり、感じたりしているからではないでしょうか。覚えておられるみなさんもいるでしょうし、きっといろいろの感想を持たれたと思います。

多くの人の発言を見ていくと、女性とその生活スタイル、子育てに対する暖かい発言が山ほどありました。それに異論はまったくありません。気になったのはこのシニアの男性についての言及はただ責めるだけのものばかりだったことでした。私はそれが気になりました。

私の想像に過ぎませんが、このシニアの男性はけっして幸せな人ではない。幸せな気分で生きていない。そう思うのです。そして、こういう老人はけっして少なくないとも思うのです。きっと人生を懸命に生きてきて、人生の後半になってみたら、幸せな気分では生きられなくなっていた。それは、とても悲しいことだと思いませんか。

幸せでないと、心の中に不満が溜まっていきます。不満があるとイライラし、感情の沸点が低くなる。ちょっとのことで怒りが爆発してしまう。そんな人は好かれるわけがありません。幸せなはずはないと思うのです。きっと、この老人もその1人ではないか。そう思うと哀しいなあと思うのです。

人は生きてきた時代や環境が違えば、自分が常識と思うことが現在と違っていても仕方ありません。たとえば、昭和の後半にペットボトルのお茶が発売された時には日本中が騒然となりました。お茶は急須で入れたほうが美味しいし、安いじゃないか。昭和の後半まで日本でミネラルウォーターを買う人は、本当のお金持ちのごく一部でした。庶民は、海外では水を買うそうだ。中東ではガソリンより水の方が高いそうだ。そう知ってびっくりしたものです。今では日本でも多くの人が当たり前のように水をペットボトルで買いますし、お茶は自ら入れるよりも、ペットボトルで飲むのが一般的なことになりました。きっとシニアの人の中には、今でもお茶や水をペットボトルで買うなんてと思って生活している人は少なくないはずです。

だから、この老人が、若い女性がポテトサラダを買うのをみてびっくりしても、それは仕方ないと思うのです。ただ、それを口に出すか、出さないか。そういう問題ですし、ああ、今の人はこういうものを買う生活をしているんだなと、おおらかな気持ちで受け入れることができるかどうかだと思うのです。

自分と違うことを面白がり受け入れる。それは幸せであるためにとても大切な要素のひとつと思います。

この老人はかつてと今の女性がおかれた立場が大きく違うことをわかっていないのでしょう。今の女性は子育てをしながら働く人が本当に多くなった。毎日働いてクタクタです。だから、スーパーの惣菜売り場のものも利用する。もしかしたら、この女性も本当は自らポテトサラダを作って子どもに食べさせてあげたいかもしれないのです。そういう変化をこの老人は想像できない。そういう社会背景をもっと分かっていたら、老人は発言をしなかっただけでなく、今のお母さんは、働きながらの子育てで大変だ。ポテトサラダを作る時間も持てないんだと真逆の気持ちを持てたかもしれません。そうあってほしいものですね。

そして、そういう気持ちで生きていたら、きっとこの老人は多くの人ともっと違う人間関係を築けていたのではないかと思うのです。

ネットではこの老人に非難が殺到しました。それも当然だとは思うのですが、私は、この老人が言った後にどう思ったのか考えてみました。言って清々したのでしょうか。きっとそんなことはないと思うのです。女性のおかれた立場を理解はできなくても、「母親ならポテトサラダくらい自分で作ったらどうなんだ」と言い放ったあと、女性が傷ついたのを見ているはずだからです。

老人が余計なひと言を言ってしまったとしても、せめて「あ、大変失礼しました。ごめんなさい」と、もしもすぐに謝れたら、どんなによかったでしょう。そうしたら、両者に別の感情が残ったのかもしれないと思うのです。人は何回も間違いをするものです。せめて、この老人にその能力があればよかったですね。

余計なひと言を言ってしまった老人は、それが世間を騒がす話題になったことを知っているのでしょうか。テレビニュースで報道されたのを見て、そんなことを言う奴がいるのか！　とすっかり忘れてしまったとも思えません。いや私は忘れてくれているくらいの方がいいなとも思いました。あまり深く反省して落ち込んでしまったらちょっと可哀想だと思うのです。もう十分、多くの人に非難されたからです。

感情のコントロールは、生きていくことが不快にならないためにとても必要なことだと思うのですが、シニアになってそれがうまく制御できなくなっただけかもしれません。それなら、きっともう十二分に反省していることでしょう。

私は年に一度くらいはポテトサラダを作ります。

キッチンが暑くなるので涼しい季節に、時間があってじゃがいもが安い時に作ります。隠し味は細かいみじん切りの玉ねぎとマスタードです。塩は極力少なめ。あとは、きゅうり、ゆで卵、人参、マヨネーズで簡単にできます。すごく安く山ほどできます。

幼い頃に母が山ほど作って銀のボールに入れラップをしたものが冷蔵庫によく入っていました。お腹が空くと、取り出してよく食べていました。とても美味しかった家庭の味です。そして、ポテトサラダは少し作るのも多く作るのも手間はほとんど同じなのを知ってます。

それだからか、私の子どもの頃にはご近所づきあいがまだあって、仲のいい主婦は自分で作った惣菜を小鉢に入れてご近所に配り、またお返しをもらってました。そういう工夫で、食卓のおかずの種類は増えたものでした。考えてみると、幸せな時代でした。例の老人は自分の母や妻がしていたそういう知恵は知っていたのでしょうか？

街を歩くと超高齢化社会の日本だけに、多くの老人を見かけます。そして、1日に何人も、次のポテトサラダ老人の候補者かもしれないと思う人を見かけます。幸せそうでなく、なぜか怒った顔をしている人たちです。

そんなふうに思っていると、時おり自分自身は、果たして大丈夫なのだろうか？　と、不安になります。心配になってショーウィンドーに映る自分の顔をちらっと確認します。不安そうに自分の顔を覗き込むその顔が変テコで思わず笑ってしまいます。私は笑いながら人生を歩んで行けるでしょうか。

経済評論家のひとりごと

2

孤独な老人にならないためのメモランダム

テレビアニメや漫画に出てくる老人は優しくて温和、人間的にも立派なまあるい人ばかりです。しかし、世の中にいる老人は、苛立ち怒っている人が少なくありません。

ちょっとしたことでまわりの人に当たり散らす人をよく見かけます。スーパーでは若い女性のアルバイト店員に大声を出し、安い天丼のチェーンでも怒鳴りちらす。

怒っている老人に共通することがあります。それは、たいてい1人で怒っていることです。2人連れは見たことがありません。

もうひとつは、怒りの対象が反抗できない立場の人に向いていることです。街中で喧嘩の強そうな若い男に怒ってる老人を見たことがありません。一番多いのが女性の店員に対してです。お客と店員という立場を利用する。私はそういう老人にだけはなりたくない。けっして幸せそうでないからです。

それは顔に出ています。たいてい「孤独」と大きく顔に書いてある。

孤独な生活が悲惨な事件を生むことがあります。多くの老人が、老後の資金を若いセールスマンに騙されて、まきあげられる。金融詐欺、投資詐欺、もしくは詐欺まがいの事件にあう。お金をむしり取られた人は、相手が優しかった、親切そうだった、信頼してしまったという。人間関係に目が眩み、少し考えればありえない好条件の話でも飛びついてしまう。そして、生活が壊されてしまう。中には、老後資金のほとんどを騙し取られた後でさえ、自分の担当者は善良だけれど、その裏の人が悪いのだと主張することもあるくらいです。ちなみに、似たようなトラブルは大きな金融機関と消費者の間でも起きています。厳しいノルマのために、知識のない老人を半ば騙すような営業活動をすることが社会問題化しています。注意してくださいね。

自分のことを考えると、幸せな気分の時には、自然と他人に対して寛容で優しく親切になれます。今から考えると、ものすごく恵まれていたはずなのに、忙しくて、いつもイライラしていた若いころは多くの人に迷惑をかけたり、不快な思いをさせてしまいました。ですから年齢だけの問題ではありません。

なぜ老人は怒りっぽいのでしょうか。ひとつには病気、もしくは体調がすぐれないからかもしれません。だからといって他人に迷惑をかけていいわけがありません。もうひとつの大きな理由は、私は彼らが幸せでないからだと思うのです。いつも不愉快でイライラしているから、怒りの沸点がとても低いのでしょう。

お孫さんと遊んでいて不幸せそうな老人を見たことがありません。誰かとうれしそうに談笑する老人も数多く見かけます。人が幸せになるために必要なのは、やっぱり誰かに愛されていること、誰かを愛していることと思うのです。ところが、実生活ではその反対のことも多い。

退職して見まわしてみると、家には妻しかいない。2人で食事したい、観劇しに行きたい、旅行に行きたい、せめて妻と散歩したい。共にそんな時を過ごすことができるのなら、きっと不幸せな気分にはならないでしょう。いままで省りみなかった妻が、我慢してでもあなたと付き合ってくれたなら、そこそこの幸福感を得られると思います。

すでに独立した子どもたちも年に二度くらいまでなら付き合ってくれるでしょう。学生時代の友人は、数十年ぶりに会うなら楽しい時を過ごせるでしょう。でも日々のこととなったらやっぱり身近な妻なのです。

日本では離婚をすると、経済的に不利な立場に女性は追い込まれることが多い。そこで、我慢して老後も一緒にいてくれる妻も少なくありません。これは現実です。家庭内別居やほぼ別居状態の夫婦はけっして少数派ではないものです。

　多くの男性の方に考えてもらいたい。そこでなんとか関係が壊れず均衡しているのなら、その事実を認識し、受け入れてもらいたいのです。夫は関係をもっとよいものにしたいと思っても妻が望んでいない。そういう夫婦関係もあるのです。無理をして家庭内別居から本当の別居や離婚になるよりいいはずです。結婚して何十年もかけて嫌われてきたのです。じっくり時間をかけて好意がなくなったのです。それを、短い一瞬の間に溶解させようとしても無理があるのです。

　あなたは、自分が妻を必要としていることに今さらながら気が付いた。しかし、妻からの愛は冷めているのであれば、その妻の気持ちを尊重してあげるのが、愛情というものです。

　嫌われることをした人が、反省した、悪かった。今までのことは水に流してくれという。許せるもんじゃありません。その場では、相手はわかった。水に流すと言ってくれたりします。それは、その場で言ってるだけで、それで関係がリセットされたと思ったら大きな間違いです。本当の意味で許してもらうためには、行為の積み重ねで相手の心が癒えていく長い時間が必要なのです。それを、その後の相手の態度が変わらなかったことに、水に流すと言ったのに酷いやつだとやるものだから、関係がますます悪くなってしまう。

　まずは悪い関係でも、よしとする。そこから時間をかけて修復していく。大切なのは、相手が望んでいる距離感を保つことです。たとえ自分が食事に行きたい、旅行に行きたいと思っても相手が望んでいないのなら、無理やりしない。そして、相手がどういうことをしてもらったらうれしいのか、助かるのか考えてみる。

　たとえば、留守番をする。ゴミ出しをする。食器を洗う。洗濯物を取り込む。妻の両親を大切にする。ただし、何か手伝うときには妻のやり方をそのまま踏襲しないといけない。自分のアイデアや工夫を付け加えない。下手に手を出すと却って仕事を増やすだけで、何もしないでいいと言われるようになるからです。

時間をかけて、新たな関係の記憶を積み重ねていき、最近少し変わったなと思われるように生きていくしか方法はないのです。何十年もの間に作られた関係です。諦めずに何年もじっくり時間をかけていくしか方法はありません。

愛することは、相手の立場に立つことです。きっと片思いを経験したことは多くの人にあるはずです。今はそれが妻なのです。

救いようのないことを申し上げたのかもしれません。孤独で愛されていない辛い日々が続くことになります。

そんな日々をやり過ごすには、あなたを敬愛する人、うっすら好きになってくれる人を別に作る。それは、妻を裏切るような関係ではいけないのですが、そういう人を持つことはできます。

たとえば、趣味の会に参加してみる。会えば挨拶をし、お互いの健康を喜び、近況を話す。そういう人がいることだけでも、きっと幸せな気持ちは味わえます。そういう人を何人も作ることはできるでしょう。会の雰囲気やルール、規範を尊重して、そこで好かれるように振る舞ってみる。

他人のために心を砕き、力を注ぐ。他の人が嫌がることも率先して行う。でも見返りは求めない。そういうことを続けていれば、必ずあなたのことを慕う人が出てきます。そのことに気が付いた時、きっと幸せな気持ちになるでしょう。

母は僕が高校生になった頃から、土曜日に地域でボランティア活動に参加してました。要らないものや古いものを貰い受けリサイクル販売し、知的障害を持つ人や身体の不自由な人に役立てるという活動です。古着なら洗ったり、ほつれを直したりして、販売する。障害を持った人と、修繕したり、売ったり一緒に活動をするという団体でした。活動から帰ってくると母はいつも腹を立てていました。それは他の健常者の人たちの多くが障害者に優しくない、むしろ利用しているからというものでした。

母の主張がどれだけ正確なのかは分かりません。しかし、時おり母と街を歩いていると、遠くから「佐藤さーん」と障害のある人が目を輝かせて駆け寄ってきて母にすり寄る。そして、母は幼い頃に僕たちにしたように、優しく抱きしめ身体を撫でる。時に障害のある人から匂いがすることがあるのですが、母はなんともないのです。

「どうして、そんなことができるのか」と聞くと、健常者より心がきれいなんだもんと言う。そういう気持ちが相手に伝わっていたんだろうなあと思います。

有名人の葬式がテレビ中継されることがありますが、マイクを向けられると、たいていの人が「親切にしてもらった」「よくしてもらった」と答えます。自分がしてもらったことを理由に、よい人だ、立派な人だと評価します。人とはそういうものです。

あなたが、相手の立場に立ってしてもらいたいことを、押し付けがましくなく自然とする。少なくとも、してほしくないこと、嫌なことをしない。そういう時間を積み重ねていく。そうすれば、相手はあなたをいい人だと好意を持つようになる。

そして、時にとても気が合う人が現れます。そういう人が何人も作れたならば、いつもイライラして、弱い人に当たり散らすような老人にならずにすむと思うのです。

今の若い人を見ていると、私の若い時よりも格段に互いに支えあい尊重して生きている人が多い。デートする若いカップルを見ても、それが滲み出ています。また今は「イクメン」と呼ばれ子育てを積極的にする男性も、あと10年もすれば当たり前になっていくでしょう。お互いに支えあって人生を歩んでいけば、いい夫婦関係もできるだろうし、孤独からは無縁の豊かな人間関係を築けて、世間の弱い立場の人に当たり散らすような老人は減ると思うのです。

第2章

10年後のお金の使い道は、10年後の自分に決めさせる

住まいと保険について考える

1

マイホームがあると、生活は安定するのでしょうか？

多くの人が不安な気持ちから安定を求めて、相当無理をして手を伸ばすのがマイホームです。そして、毎月決まったローンの支払いを35年に渡って約束します。それでも、家賃の代わりにローンを払うことで、家が自分のものになる。それは安定した生活の基盤になるのでしょうか。堅実な判断だと言えるのでしょうか。

しばらくの間はプラン通りに行くのかもしれません。

手にしたマイホームは理想的とまでは言えなくても家族が住むのにふさわしいものです。しかし、その家族の形態はどんどん変化していきます。そして、持ち家は変化に弱い。リーマンショックや新型コロナなどで給料が減ってもローンの支払いは変わりません。賃貸住宅の個人に国は住居確保給付金を最長1年も出して支えたのに、ローンを払えなくなった持ち家派は一気にホームレス化した人も多数います。ホームレスにまで追い込まれなくても、減った収入のうち、まず住宅ローンを払うことが最優先され、食費も光熱費も、ましてや衣服やレジャーなどは完全な後まわし。ローンを払い続けるために、貯めてきた子どもの教育費に手をつけた人もいます。コロナでなくても、転職、リストラ、病気、被災、離婚、介護など人生の大きな変化の時には、かえって持ち家は重荷になることが多いのです。現代の堅実さと安定は、時代の変化、自分の身のまわりの変化に縦横無尽に対応できるもの、未来の自分を縛らない自由さから生まれます。

さらに毎月のローンの支払いも固定金利であればまだしも、変動金利であれば支払う金額も長期的には変化する。もちろん上がってしまうこともあるのです。30歳で作る35年ローン。今後35年間の自分の収入が安定していると思いますか？

次に、人生において住宅に次いで大きな支出である保険を考えてみましょう。

多くの人が不安な気持ちを鎮めるために保険に入ります。保険に入ったからといって、車の事故が減ったり、火災にあわなかったり、ましてや病気や老いから逃れることはできません。健康を望むのなら保険より、食生活に気を配り、規則正しい生活をし、適度な運動、ストレスのない日々を送るほうが賢明なのではないでしょうか。そして、定期的な健康診断で病気を早期発見し治療していくことが何倍も大切です。

保険は困難な時に契約に基づいたお金を出してくれるだけです。それも無料で手にはいりません。この保険の掛け金にまわすお金を預貯金にまわしていけば、資産になります。そのお金は病気になれば治療のために使えますし、健康で元気ならレジャーなどの楽しみに使えばいい。将来の自分に合わせて使うことができます。保険にまわしてしまうと不幸なことが起きた時にしかお金になりません。

人生は変化する。いい変化だけでなく、悪い方向に行くこともある。人生はそういうものと、受け入れてベストを尽くして対応していく。そのために、未来の財布をいまから支配させない。**10年後の生活や収入は、10年後の自分に決めさせる。そうした変化や不安定を背負って生きていくほうが、ずっと堅実**だと思うのです。

住宅と保険は多くの人にとって人生における支出で最上位にランクされるものです。だから間違った選択をすると、食費や光熱費をいくら節約しても、お金に困る人生になってしまいます。これらは、契約して一度決めてしまうと将来にわたってあなたの財布を支配します。それが、はたして安定なのか、堅実なのか。もちろんうまくいく人もいるでしょう。しかし、そうでない人も大勢いる。あなたはどちらを取るべきか。この章を読みながら、ぜひ考えてください。

夢の住まいと理想の住まいは違います

家を買うにしても、借りるにしても、長い人生で私たちは本当に多くのお金を住まいに使います。自分の自由になるお金のうち、最低でも25％。いや30％以上を住まいのために使うのが普通です。ですから、この住まいのことで間違った選択をしてしまうと他でどんなに工夫や節約をしてもお金で取り返しのつかない失敗となることがあるのです。

あなたの住まいは理想的な住まいですか？　この質問に多くの人は「理想的な住まいからはほど遠い」と答えるのではないでしょうか？

趣味の部屋がある家。大きくて綺麗なキッチン、日当たりのいい大きなベランダや庭のある住まい。駅から近い、仕事に便利。買い物や医療施設にアクセスしやすく便利な場所。今ならタワーマンションで素晴らしい眺望のある住まい。海辺や山の自然に囲まれているところがいいという人もいるでしょうし、都会が好きな人もいるでしょう。ま、人それぞれです。

でも、こうしたものの多くは、実現がむずかしい夢の住まいです。現実は違う。それでも持ち家を買うということは、いろんなことを我慢して、働き、倹約しなくちゃならない。それも5年や10年でなく何十年も、ということになるでしょう。あなたの夢は、そんな住まいを得ることですか？　それに人生を賭けますか？

僕が経済評論家として、この10年少しの間に書いてきた書物での一貫したテーマは、**お金に人生を絡め取られない**ということです。お金に自分の人生を支配させない。お金のことをよく知り、適度に距離を取り惚れ過ぎない。少なくとも、いつの間にか人生の自由を奪われ行動が制限されないようにする。たとえば、32歳で35年の住宅ローンを組み、月の手取りの3割も払うことを、向こう35年も決めることは人生の選択肢を大きく狭めると思うのです。定年を迎えてみたら、自分の会社員人生は、結局のところ住宅ローンを返すためにあったなんて振り返るのは悲しいです。

お金のために何かを失うことはよくあります。そして、お金が多くあったからといって幸せとは限りません。大金持ちの不幸物語は山ほど語られてきたことです。中金持ちの家族戦争も、金にまつわる殺人も珍しい話ではありません。

もちろん、毎日お金のことを心配し、お金が足りなくて困るのは辛いし、もしもあなたがそういう立場だったら、早く抜け出してほしいとは思いますが、山ほどあって幸せでない人もいるのです。世界の億万長者は、結局のところ慈善活動を始めます。そんな話を聞く度に僕は思うのです。そして、経営者として大成功を収めた人たちに申し上げたい。その資産を生む時にまわりで働いてくれた従業員に、もう少し高い給料を払って、彼らの人生がもう少し華やぐようにしてほしかった。

まあ、いろんな考え方があるので、これ以上は言及しませんが、お金は適度に持っているのがいいのです。お金に困らない。お金に心や人生を絡め取られない。そのためにも、お金のことをよく知って、適度な距離を取りながら、お金で困らない人生を歩む。そのためにはどうすればいいのか？　そのための情報や、考えるヒントをみなさんに提供することがとても大切だと思っています。

移ろいゆく時の流れの中で、手にしたら永遠に自分のものになるものは何もありません。立派な一戸建ても税金や保険代、維持費は掛かるし、いつかは朽ちていきます。子どもたちに残すと思って建てた家は、壊され新築に生まれ変わるもの、だいたいあなたの家は残らないのです。戦国時代の武将が建てた城で当時のまま残っているのはせいぜい石垣、著名な寺社仏閣も多くのものが何度も火災で焼け落ち、建て替えや大修繕を積み重ねたものが残っているのであって、創建当時とは姿を変えたものばかりなのはご存知の通り。多くの人が大切に思っている特別な建物でも、そういうものです。

私たちが所有する不動産などは、ひとつの災害で簡単に壊れてしまいます。いや病気をしたり、介護が必要となった時などは、そこに住み続ける選択は、時にたった一度の人生の時間を短くしてしまう。家にいるよりも、専門の医師や介護をする人のいる医療機関で過ごした方が、健康を取り戻すためにはよりよいことがあるからです。その方が、長く人生を生きることもできるわけです。

また、災害などで、万が一家が壊れたとしてもローンは残る。賃貸であれば、家財道具は焼けても、住宅ローンまでは残らない。新しく人生をやり直せるのに、持ち家だと焼け落ち失っても莫大なローンが残る。マイナスのスタートどころか、そのローンに人生を潰されてしまいます。不動産は、いざという時の財産になると思っても、たとえば、シニアになり、体調に異変が起き、老人ホーム、介護施設に入ろうと思った時に、手元に十分な現金がないと手放すしかありません。そして、急に換金しようと思えば、投げ売り価格になってしまう。扱いづらいのが持ち家なのです。

あなたのマイホームは、老後のあなたも幸せにしますか？

70歳は今の日本の平均寿命では、まだまだ若く元気な年齢でしょう。車の運転にも心配はないかもしれません。しかし自家用車での移動が必要な地方に住むと、その後の70代後半、80代はどうなっていくでしょう。車なしでは生きていけない場所に住んでいるのに、運転するのがむずかしい身体と心になっていく。地方の人によく申し上げます。もしもご自宅が処分できるのなら、できるだけ若いうちに便利なところに引っ越しなさい。60代ならまだしも、70代になってから新しい場所に引っ越し、友を作り、地域になじむのは、肉体的、精神的にも非常に負担です。70代後半以降になれば、あなたも高速道路を逆走するようになってしまうかもしれないのです。ましてや人身事故などを起こしてしまえば、あなたの人生の後半に大きな汚点を作ります。まだ若くて身体と心に柔軟性があるうちに、車のいらない公共交通でどこでもいけるところに引っ越しましょう。つまり、自家用車でなくても必要なものが買える店舗、病院、役所まで移動できるところがいいのです。都会でも大きな一軒家に固執しない。家の前の道や庭の掃除や雪下ろしも要らない頑丈なマンションなどに住み替える方が生活の負担が少ないのは明らかです。家に作った小さな日本庭園を愛でることができなくても、日本には多くの名園があります。旅をして、プロの職人が手入れをしている庭を見にいく方が何倍もいいものです。家の近くの仏閣の庭を散歩がてらに四季折々に眺めに行くのも手間も要らずに合理的です。

こんな話をすると、都心の分譲マンションにお住まいの方が、こう言います。「ああよかった。私は都会の便利なところのマンションだから雪下ろしは要らないし、掃除も楽でよかった」。不安はないとニコニコしてます。本当にそうでしょうか？ たとえば、30歳で手に入れたマンションは、70歳の時には建築後40年、80歳なら50年になっています。そろそろ建て替えや、大規模修繕のタイミングです。自分の人生はもう長くないから、今さら新しくしなくていいと思っても、マンションのような集合住宅では、住民の多くが賛同し、計画がまとまったら、それに従わなくてはなりません。法律でそう決まっています。もちろん建て替えの費用や仮住まいは自分で工面しなくてはなりません。やっと住宅ローンが終わったと思ったら、またもや借金です。建て替えの仮住まいと引っ越しです。

さらに、一戸建てもマンションも、前に大きな建物が計画されれば日当たりが変わる。周辺の環境が変わったり、隣人や上層階に困った人が引っ越ししてくるかもしれません。持ち家ならそう簡単に引っ越しできませんから、隣人トラブルにつながります。これが、賃貸であれば、多少のお金は掛かりますが、引っ越しすれば問題解決で嫌なトラブルを避けることができるのです。

家を手に入れることに人生をかけてしまうと、その家を手放すことはなかなかできません。 5人家族の時代に建てた家は、いつの間にか空室だらけ。当時は夢のような場所だったかもしれませんが、人生の時の流れの中で居心地のいい住まいというものは変化していくのです。賃貸なら変化を受け入れることが可能です。ところが、持ち家には、ついつい長居してしまいがち。そのために要らぬ苦労を招くことがあるのです。それでも、「家には家族の思い出が詰まっている」と不動産やハウスメーカーの宣伝のようなことを言われる方がいる。

でも、それでは人生の中心が家になってしまいます。家を人生の中心に据えないでください。あなたと家族、そして仲のいい人たちが、人生のど真ん中にいるべきです。だから家を買うために無理な住宅ローンはしないでください。親から受け継いだ家を守るために苦労してお金を家につぎ込む。住宅ローンが崩壊しないように、懸命に働く。金食い虫で経済的負担の重い持ち家にこだわるがために、いろいろと我慢する。それは、あなたの人生が家にかかわるお金に絡め取られていることです。家族の思い出、人生の思い出は心の中にあるもので、家に染み付くものではありません。

そして、多くの場合で持ち家の呪縛はあなたの世代だけで終わりません、下手に不動産が財産として残ると、子どもたちは遺産相続で揉め、ことによっては仲違いすることになります。結婚などで独立すれば家族の関係も変わっていくものですが、時には他人以上に距離ができ、激しく対立するのが家族なのです。不動産をめぐる遺産相続は、昔から新聞テレビの人生相談の定番中の定番です。実の兄弟姉妹の間では、それほどいがみ合っていなくても、それぞれには配偶者がいます。それぞれの状況で、お金のかかる子どもがいたりすると厄介になります。誰しも、何千万、何億円もの財産となれば興味がないはずがありません。

繰り返しになりますが、理想的な住まいとは、それぞれの人生の中で、年齢や家族構成の変化、自分自身の変化で変わっていくもの。持ち家はその変化に対応できません。

現実的に考える理想的な住まいとは？

僕のいう理想的な住まいとはもっと現実的です。自らの生活に根ざして、費用（家賃など）も含めて理想的な住まいになっているか考えていただきたいのです。それは、必要なものはまああって、ムダのない住まいであること。住まいに対して使うお金に妥当性があること。そこに住むことが重荷になっていない住まいです。どういうことか、ご説明します。

20代の1人住まいのワンルームや1K、1LDKの賃貸マンション。日当たりのいい南向きで喜んでみたものの、仕事が忙しくてウィークデーは朝7時には家を出て、午後8時前には家にいたことがほとんどない。週末もデートで家にはほとんどいない。いや週末は疲れているので午後までゆっくり寝ていたいと思ったら、東や南向きの窓からの日差しで朝は寝られたものじゃない。同じマンションでも南向きの日当たりのいい部屋でなければ、家賃が毎月5000円安いとなれば、その部屋は年間6万円の支出増になっているだけでなく、けっして理想的な住まいとも言えないのです。

高収入な会社員だからと、高額のマンションを借りた。広いリビングがあれば、疲れた週末も掃除をしなくちゃならない。女性や友人が訪ねてくる時には、ちょっとした自慢にはなったものの、そんな見栄を捨てて本当に必要な物件を借りて住んでいれば毎年100万円貯蓄ができたかもしれません。大きく立派な住まいに住むことを日本人は追い求めすぎます。つい20年くらい前までは、それが信用につながるとか、社会的ステータスだと言われたりもしました。社会的ステータスにいくらお金を注ぎ込めば満足ですか？　そういう考え方が日本人に染み付いているために、少し無理して大きな家、高い賃貸に住みたがる人が多いのです。それが重荷でなく、必要なのであればいいのですが、ムダにつながっていないか考えてもらいたいです。ちなみに僕は、普段は手ごろな住まいで、時にホテルや旅館でのんびりするのが好きです。ワインのお土産を持って贅沢な住まいの友人のところにいくのは好きですが、自分ではほしいと思いません。

とくに他人に対する見栄のようなもの、経済力を誇示するための住まいにお金を使い続けることは賢いことなのでしょうか。別にお金持ちだけに限りません。家のためにお金がまったくない。貯蓄がない。しかし、莫大なローンがある。そんな人がどれだけ多いことでしょう。

本当の理想的な住まいのために、まずは、賃貸住宅でも、**今の家賃（お金）に見合った住まいか考える**。また、**住まいを毎日の生活にうまく活用できているか**も考えてみましょう。同じ6万円の家賃ならば、もっといいところに住めるはずかもしれないし、8万円の家賃にしてはとてもお得な住まいだと思うけれど、十分に活用できていないなあと思うかもしれません。自分の予算からは少し高い部屋だけれど、前に住んでいたところと比べると駅に近く毎日の通勤時間を片道30分、往復で1時間節約できるとなれば、毎月25時間も時間の余裕ができる。それは少し高くなった家賃でも安くついたと思えるかもしれません。

また、住まいそのものの家賃だけでなく、近くに24時間営業のスーパーがあるので、コンビニをあまり使わないというのであれば、家賃は少し高くても毎月の食費を抑えられているかもしれません。住んでいる地域の地方公共団体の子育て支援、住宅支援があるので助かるという場合もあります。**住まいが変わることで家賃だけでなく、生活全体の支出も変わるはずなのです**。住まいを考えている人は、家賃だけでなく総合支出がどう変わるかを考えてみてください。理想的な住まいというのは、そういうさまざまな要素からも導き出せるのだと思うのです。

僕の住宅の話は多くの人から支持をいただいてきました。時おり、なぜ他の専門家は佐藤さんと同じような意見を言わないのか？と聞かれることがあります。分かりません。でも中には住宅やその関連の仕事がらみの理由がある人もいるでしょう。僕もテレビやラジオではここまで話せません。民放の番組はスポンサーがいて、局や番組に迷惑がかかるからです。でもですね、マイホームを持つことを人生の目標にすることが悪いと言ってるわけではないんです。人それぞれの夢なので、それもいいんです。ただ、お財布の観点から考えると、こう思うというだけです。ポルシェに乗ることが人生の目標だ。プロの選手になれなくても甲子園で野球をすることが夢だ。誰も否定できないのと同じです。それでも、もっと若いうちに佐藤の話を聞きたかったという人もいます。でも、ですね。今日があなたの人生で一番若い日なのです。人生はまだ続くのです。だから、もっと理想的な方向に向かって歩んでいただきたいです。

中には持ち家を手に入れることを人生の目標、夢にしてきたので、なんか困った。目標がなくなったという人がいました。持ち家を得るために無理をしていたのなら、それさえなくなれば人生に余裕ができます。あなたにとって本当の夢、この人生でやってみたいことは何なのかをぜひ考えてみてください。

もうみなさんは僕が都会の１００坪の土地に一戸建てを建てるのを羨ましいと思わ

ない理由がわかるでしょう。５ＬＤＫに70歳近い老夫婦２人が住んでいると、羨ましいと思うより大変だなあと思います。お金があってお手伝いさんや誰かにやってもらう余裕があるのならまだしも、庭木の手入れ、雪かきに家の前の掃除、家の中の空室も掃除は必要です。大きな家だと暖房費も莫大です。固定資産税に相続税、火災保険料、修繕費も必要です。老夫婦にとって理想的な住まいというより、むしろ重荷ではないのかなあと思うのです。金融資産を１、２億円でもお持ちならまだしも、そうでないなら、さっさと売って現金にしてしまった方がよかったのにと思うのです。

最後にある知り合いの話を紹介させていただきます。

僕のラジオ番組を聴いてくれていた若い友人で４人家族です。毎日懸命に働いていても子どもや妻と過ごす時間がほとんどないのが悩みでした。いったい何にお金を使っているのかを考えてみたら、家賃が一番大きい。働くだけ働いて、大好きな家族と一緒の時間がとれない。なんのために働いているのか分からなくなったと言うのです。会社に働く時間の見直しや昇給の交渉もしたけれど、今の時代ですからね。それも叶わなかった。そこで、給料は少し下がるけれども、家族ともう少し時間の取れる職場に転職しました。でも、そうなると高い家賃を払うのはむずかしい。考えてみると、妻の実家が近くにあって、実家は一戸建てで空いている部屋もある。それなら、妻の家に同居させてもらおうとなったのです。可愛い娘とまだ幼い孫とも同居できると妻の両親も大喜び。婿養子でもないのに、妻の親の家に同居するなんてカッコ悪い。そんなくだらない見栄を捨てただけで家族の時間がとれ、生活も少し楽になったというわけです。これから年齢を重ねていく親にとってみても若い家族が家にいると何かと安心ですね。高いところのものを取ってもらう。重い家具を動かす。新しい家電を使いこなす。少し遠くのショッピングセンターに買い物に行く。同居だからこそのメリットもあるはずなのです。子どもの面倒を時にみてもらって、夫婦で食事にも行けるし、妻は週に一度外で働き始めたとのこと。こうして、できること、行動範囲も広くなります。庭のある家で2人のお子さんが大喜びしてるとのことです。

同居で住み始めて2年くらいした時に、「ご両親から干渉されたりして大変じゃないですか?」と尋ねてみました。すると、住み始めるときに、長く同居する、ここに住みつくとは言わなかったと言うのです。「また出て行くかもしれない」と断っておいた。そしたら、妻の親はできるだけ長く一緒に住みたいからか、かえって気を使ってくれるようになったと言うのです。夫の両親に婿養子のようになって申し訳ないと付け届けまでしてくれる。自分もいつ出て行ってもいいように公団や公営住宅で抽選でないと入れないような手ごろな価格の人気物件のパンフレットを常に取り寄せていた。それじゃ、一切のトラブルはないのか？　と質問すると、もちろん人間だから、ちょっとしたいざこざはあるし、口も出してくると告白してくれました。それでも、そんな少しの干渉で、毎月10万円近くの家賃が浮くと考えたら安いもんだと笑ってました。お金は入れてないの？　と聞くと、両親の分の食事も週に何回か作り、光熱費などとして2、3万円入れているだけだそうです。給料は下がったけれど貯蓄もできるようになったとのこと。

みなさんに考えてもらいたいことはこういう理想の住まいなのです。

いま住まいの形はいろいろと変貌しています。たとえば、お1人ならシェアハウスはどうでしょう？　東京の都心部では、地域の祭りの担い手がいないので、若い人で祭りや地域の行事に参加することを条件に無料で部屋を提供するとか、高齢の人が1人暮らしは寂しいので、やはり無料やそれに近い金額で部屋を若い人に貸すという動きも出ています。

いま、賃貸住宅は432万戸、2割ほどが空き家です。住宅全体では846万戸（2018年現在）の空き家があります。その傾向は少子化も相まってどんどん増えています。2013年から5年間だけで首都圏の、東京都の31万戸を始め1都3県だけで71万戸も増えたのです。さらに誰かが住んでいても使ってない、空いている部屋はもっとあるでしょう。もったいないです。最後に持ち家に住んでいる方に考えてもらいたいのです。たとえば、子どもが独立してしまった。でも売る気にはならない。それなら、その空き部屋を貸して収入を得ることを検討されてはどうでしょう。私は若い頃に買ったマンションのローンを払うのに、居間をバイオリン教室に貸していたことがあります。週に一度、働きに出ている昼間の時間に3、4時間だけレッスン会場に使ってもらって、毎月3万円もらっていました。バイオリンの先生によると、スタジオを借りるよりずっと安くて助かったと喜ばれました。他人が家に入るなんて嫌だなあと思う方もいるでしょうが、若い男にとってみると他人が入るからこそ、こまめに掃除を心がけたり整理整頓するというプラスの側面もありました。そして、何よりも臨時収入で助かりました。僕が幼少の頃、杉並区の永福町のそばに小さな一戸建てを建てた両親は、子ども部屋にしようと思っていた部屋に大学生の下宿人を2人置いていました。子どもたちが個室が必要になる年齢まで活用しようというわけです。そんな両親に影響されたのかもしれません。

あなたにとって、本当の意味での理想の住まいは何なのか。もう一度、ぜひ考えていただきたいです。

保険に入るより大切かもしれない、家族でしておきたい小さな旅

２０２０年。新型コロナウィルスの新規感染者が記録される中で外出自粛が求められました。ステイホームは、自分の命を守るためにも、感染を抑えるためにも、必要なことでした。

さらに、２０２０年7月は、九州を中心に線状降水帯が長く居座ることによって１００年に一度にあるかないかの集中豪雨がありました。岐阜県や山形県でも多大な被害が出ました。このような豪雨は１００年に一度と言いますが、このところ毎年のように起きているように思います。そして、その度に多くの人命が失われ、経済的な被害も甚大です。毎年、毎年です。

テレビの報道で被災者の人たちはどの地域の方も繰り返しこう言います。「今までにこんなことはなかった。想定外だ」「役所の警報などが適切になかった」「気がついたら間に合わなかった」。まるで避けようのない災害にあったような答えをされる。

被害にあった方にはお見舞いを申し上げますが、ある程度（すべてとは言いません）は、避けることはできたと思うのです。きっと公的な避難勧告などに100％頼りきって、自分自身で判断することをしなかったように思えるのです。公的な情報はもちろん重要です。しかし役所の指示を待っているだけでは、自分の命を他人任せにしているのと同じことです。そして、被害を受けてから誰かに文句を言っても仕方ないのです。

たとえば、先祖代々受け継いだ土地や家屋だからと、災害の危険性の高い場所に、住み続ける。ご先祖様は、そんなバカなことはするなと言ってくれるはずです。

時おり、子どもや孫、家族の命は大切だから逃げてほしいが、私自身は避難したくないという人（高齢の方に多いものです）も、ごめんなさい、少し勝手だと思います。残された家族は、あの時、もっと強く言っておけばよかった。喧嘩してでも引っ張ってくればよかったと後悔に苛まれるものです。

最近の豪雨は気温が下がる、夜間に勢いが一気に強くなる。それでも早めに避難をしない人がいます。なぜだろう。そう知人に話したら、「今まで生きてきて大丈夫だったから、なんとかなると思ってしまうんだろう。想像できないんだよ。面倒だし」。そうなのかもしれません。でも、どうか、災害の時は、命にしがみついてください。

自分や家族、友人の大切な命を他人の判断に委ねないでください。

行政も間違うし完璧ではありません。行政が避難指示を出していないから避難してはいけないということはないのです。避難は危機が迫ってからよりも、危機が来る前に始めた方が楽チンで、身体の負担も少ないです。気持ちも穏やかなまま行えます。

そして、最近は、避難先で命を落とす人も珍しいことではありません。報道記事によると、指定避難所の27%が、浸水や土砂崩れの恐れのある場所に立地していることが報告されています。公的機関が指定した避難場所でも、はたしてそこで安心できるのか、多くの人が押し寄せたらどうなるかも含めて、考えてください。

僕も、自分の住んでいる場所を見直そうと、**ハザードマップを見てみました。**幸いなことに水害の危険性は少ないようです。住まいから2分ほど近くに暗渠（あんきょ）（かつての川）があります。そのため暗渠を中心に土地の形状が窪んでいる。私が住んでいるところは、マンションの2階ですから、暗渠から少なくとも10メートル近く高いところにあるのです。大雨の時の雨水の流れをみてみても暗渠の方に流れていくだけです。また、近くに崖などもありませんから、土砂崩れの心配もなさそうです。

私自身は一安心なのですが、10年前に店じまいした近くの青物屋のおばさんは、ご主人が車椅子です。頑張って今も開いている小さな文房具店のご主人は身体の半分が麻痺していて歩くのも話すのも辛そうです。どちらの店もそこで買い物をするとほっこりし、商品だけでなくいろんなことを教えてくれた大切なお店です。しかし、心配な暗渠のそばです。災害の時が心配でなりません。

それでも、台風や集中豪雨による被害はまだ事前に予測できますが、大地震だけはいつ起きるかわかりません。自分自身の主な心配もそこにあります。

とくにハザードマップを見てみると、火事については非常に危険な地域に指定されています。大地震が起きたらすぐに避難場所に逃げることが大切なようです。

そこで、2020年は新型コロナウィルスの影響で遠出もあまりできないので、**避難場所まで出かけてみることにしました。**グーグルマップなどでおおよその場所は分かっていたのですが、やはり自分自身で出かけてみて初めてわかることが山ほどありました。住まいからの避難場所は2ヶ所あって、家から歩いて10分ほどの公園と、少し離れた25分ほどのところにある東京でも有数の大規模公園です。地震の時にたどり着きたいのは後者の方です。火事は出火して1時間以内で延焼していくものですから、地震があったらすぐに家を出なくてはなりません。それなら、出火して行く手を阻まれることはないだろうと思うからです。

7月の終わりに初めて避難場所に向かってみると、その途中にいくつかの障害があることが分かりました。高圧線を初めとする電線が山ほど空中を走っていてそれらが切れたり倒れたりしたら、はたしてそれを乗り越えて行けるだろうかという心配。そして、最短距離の道には大変古い木造住宅が密集しているところがあった。道幅が狭く、出火していれば通れない可能性が高い。いざという時に迂回できる道があるか、チェックしながら進みます。安心したことは、ブロック塀などが崩れて道を塞いでしまいそうな建造物があまりなかったことです。今は通れる道であったとしても、大震災の後も通れる道であるかどうかは分からないのです。それを想像しながら歩いてみました。

家の近くは辺りの道や、建物の具合も分かっていますから、おおよそ危険な道は分かるのですが、家から遠く離れれば離れるほど、それ相応の時間が経って、火災が発生している可能性も高くなります。とくに古い木造の家屋は火のまわりも早いはずです。その時には、道幅があることがとても大切だと思うのです。

もうひとつの障害は、大きな幹線道路、環状7号線を渡らなければならないことです。道の真ん中には大きな生垣があり、緊急時も乗り越えて渡ることはできそうにありません。ですから、信号機のある場所まで行く必要があるのですが、そこを自動車が塞いでいたり、数珠つなぎ状態で出火でもしていたら、道が火の川となって通れない可能性もあります。迂回すれば横断歩道橋があるのですが、大変古いので崩壊していないとは限りません。**避難場所に行く時には複数の順路を考えていた方がいいと改めて思いました。**地震が起きてからスマホで避難場所を調べて歩いていくのでは、危険な上時間もかかります。出先では仕方ないかもしれませんが、自宅周辺の避難先については詳細な情報を得るためにも実際に出かけてみることがとても大切だと思いました。

避難場所自体のチェックもしました。大規模な公園の水飲み場、トイレ、また、雨の時に濡れないですむ場所はあるか？　冬の時期なら、少しでも暖かい場所はどこだろうか？　ベンチはどのくらいあるのか？　そういうことも調べておきました。テレビの災害を振り返る番組で、生死を分けたのは常日頃の避難訓練をしていたかどうかということを何回も知らされています。こうして、地震の時の避難訓練をしてみたというわけです。

可能であれば、プライバシーが保て安心な避難場所を自分自身で確保することも大

切です。異常気象で毎年の台風シーズンは常に命と財産の危機に直面します。大都市で浸水が予想されると、時に100万人単位での大移動があるかもしれません。その場合は、雨が降り出してからでは大渋滞に巻き込まれ逃げ遅れるかもしれません。鉄道は運休になってしまうかもしれません。そのためにも、雨が予想される前日くらいから、少し離れた親戚や友人宅、ホテルなどの宿泊施設に身を寄せることが必要だと思うのです。その予行演習のための小さな旅をしておくのも、命を守る演習であり、訓練です。

オフシーズンのホテル代が安い時期で構わないのです。出かけてみる。まわりの店のことなども知れれば、なおいいですね。親戚や知人の家であれば、いつでも気持ちよく泊まれる、歓迎してもらえるように、いい関係を作るのもとても大切です。一度や二度は笑顔で歓迎してくれても、度々となると事情が異なります。きちんとしたお礼も用意する、盆暮れなどの付け届けもきちんとする。相手も人間です。それがとても大切です。そう考えると、お金さえ払えばいいホテルや旅館の方が何倍も心地いいし気楽です。ただ、そういう施設も万が一の時には満員で泊まれないこともありうる。それを考えると、いろんなルートを確保しておくことが大切だと思うのです。

知っておきたい災害と保険の話

大地震が起きた後では都市部では大混乱となるでしょう。阪神淡路大震災や東日本大震災を見ていても、地震が起きて数日経ってから火事で家が燃えてしまうことも十分に考えられます。この場合、通常の火災保険では補償されません。

火災保険では、地震を理由とする災害については免責（補償の対象外）になることは割と知られたことです。火災だけでなく、津波による被害も補償されません。また、噴火による被害も補償されないことが一般的です。これは家屋だけでなく、自動車に関しても同じです。噴火によってフロントガラスが割れた場合など、車両保険に入っていても原則として補償されません。

そのために地震保険（自動車の場合は、地震・噴火・津波特約）があります。地震保険は、噴火による被害も補償の対象となります。これは、火災保険とセットで加入することで契約できる保険となっています。つまり、地震保険だけで加入することはできません。ただ、**地震保険の問題点は、保険料が補償に対して高額**で、さらに毎年のように値上げされていること。通常は最高でも建物の時価評価の半額くらいまでしかお金が出ないので（通常は建物価格の3～5割で保険に加入することになっています）、地震保険だけで再建することはむずかしいことです。さらに、1回の地震に対する補償の上限も設定されています。噂される南海トラフの大地震などが起き、広範囲で被害が出ると国で定められた保険金の総額上限、11・7兆円にすぐに達してしまうでしょう。ルールが厳格に適用されると、何百万もの地震保険の加入者で、この11・7兆円を分けることになるかもしれないのです。

地震保険は、お住まいの都道府県（地震が多いとされる地域は保険料が高い）、建物の耐火性、耐震性の高い構造であるかなどで、その保険料が変わります。十分に考慮してください。

次に火災保険（住宅総合保険）について近年の風水災害についての知識をまとめておきたいと思います。契約した時期などによってそれぞれの契約が異なりますので、保険証券（保険の契約書）などで、その補償内容を十分確認しておきましょう。

台風や暴風雨による災害の多くは火災保険によってカバーされることも多いです。風害、水害、土砂崩れ、落雷などいろんなことが考えられますね。ところが、中には風害は補償されても、水害については補償されない火災保険もあります。土砂崩れや洪水は主に大雨によって引き起こされるわけですから、住む場所によっては、水災害も保険でカバーされる契約が必要です。ぜひ地方自治体が発表している洪水・内水氾濫ハザードマップで確認しておきたいものです。とくに近年はかつての小川などに蓋をした暗渠や、土地がまわりより低いために、川のそばでなくても、家の近くの下水道管に大雨の時に水が集中し、下水道管から水が溢れて家が浸水して被害を被る事例が指摘されています。そのような場所に住んでいる場合は水害の補償を考えておくことがより重要になります。

みなさんが契約している火災保険や住宅総合保険が、台風や暴風雨も補償の対象となっているか、また、対象になっている場合でも保険よって、風災害だけ補償されるものと、風災害と水災害の両方が補償の対象になっている場合があるので、ぜひ確認していただきたいと思います。

また、補償の対象が建物か家財かということも注意したい点だと思います。

たとえば、建物についているエアコン、エアコンの室外機、ソーラーパネル、アンテナ、ガス給湯器などは、建物として扱われます。また家財の補償といっても、台風によって飛んできた物で屋根や窓が壊れ、吹き込んできた風雨によって家具やテレビが壊れた時には補償の対象になります。雨によって壊れたとしても、元の原因が風なので、風災となるのです。ただし、元々雨漏りがあるような状態だったり、窓を閉め忘れていて吹き込んできた風雨による場合は、補償の対象にならないことが通例です。

土砂崩れで床上まで土砂で埋まってしまった場合は、水災として補償されます（2013年6月以降の契約の場合）。雨が降り地盤が悪くなり地滑りが起きたからです。

付け加えになりますが、竜巻は風災として補償の対象となるのが通常です。多くの火災保険で、雪災や雹(ひょう)災もセットになっていることが多いです。豪雪や雪崩(なだれ)が心配な場合はチェックをしてください。現状では、水災は補償対象外でも、特約で補償を強化することも可能です。この特約保険料はあまり高くないです。調べてみてください。

被害にあうと、保険会社に保険金の請求をする必要があります。請求する時に、ほぼ必ず必要になるものが、**被害がわかるような写真**です。写真は**全体の状況がわかるようなものと、被害箇所がはっきりわかるものを多数撮影しておきましょう**。とくに屋根などは簡単に目視できない場合があります。瓦が飛んできて、屋根にひびが入り破損しているのに、気がつかず、しばらくして雨漏りで気づく。家のまわりで屋根全体を見通せる高い建物など、被害の確認できる撮影場所も考えておくといいと思います。

水災の場合は、床上浸水かどうかがひとつの基準となることも多いので、壁にできた浸水の跡などもきちんと撮影しましょう。災害の後は、少しでも早く復旧させたいとすぐに後かたづけをしたくなりますが、その後の保険金請求のことも考えて、まずは被害の状況をきちんと撮影しておくこと。可能であれば日付がわかるようにして撮影しておくとよいでしょう。

そして、**被害を被る前の写真**も合わせて手元にあると証明もしやすくなるはずです。火災保険などの契約をする時に、家全体の撮影、それも一方からでなく四方からと上部から屋根全体も入るように撮影しておけると、なおいいでしょう。

最後に、近年の世界的な災害増加の流れで、損害保険の保険料がほとんどの場合で毎年のように値上がりしています。値下がりするのはほんのわずかです。同じ補償内容でも、長期間の契約をすると、契約をした時点での保険料で固定され、その後の値上がりの影響を契約期間中は受けないことがほとんどです。また、まとめて払うと割引になることも多いです。もちろん引っ越しや建て替え、売却などの予定があるかもしれませんので、一概にお得と断定はできませんが、**より長い補償・契約期間でまとめ払いが保険料を割安にするコツ**だと覚えておいてください。

入っていると安心なものですが、お守り保険は高くて役に立たない保険です

不安があるから保険に入る。人生の不安をお金で解決できると思っていませんか？

誰もが老後と健康にまつわる不安を抱えています。その不安のためにお金を使います。でもお金を使っても老後はやってくる。けっして解決できないことなのにお金を使う。なぜなら、お金を使ってることでなんとなく安心を得られるからです。

よく、こういう保険商品があります。高齢でも入れる保険。持病があっても入れる保険。その言葉に強く惹かれる人が多いものです。

気持ちはよくわかります。保険というものは、不安の解消にひと役買うからです。ただし、無料ではありません。多くの人が毎月多くのお金を使います。65歳の人が85歳まで毎月4000円の保険に入ったら、100万円以上払うことになる。そして、その保険に入ることによって、どのくらいのリターンがあるのでしょうか？

というのも、保険には入っているものの、実際に病気になっても、ほとんど中身のない保障しかもらえない保険商品も散見されるからです。いざという時に備えていると思っているかもしれませんが、ほとんど助けになりません。それに、たとえ保障の厚い保険であっても、保険からお金が支払われるだけです。保険に入ったから健康になれるわけでも、若さを保てるわけでもない。安心なんかできません。なぜなら、**健康は保険では買えない**からです。

病気になりたくないのであれば、保険よりも、健康でいるための食生活や生活習慣の方が何倍も大切です。長生きしたいのであれば、保険よりも**質の高い健康診断を定期的に受けることと、信頼して相談できる医師との関係作り**の方が何十倍も大切です。敢えて、質の高い健康診断という表現を使ったのは、時おり、あの人は健康診断を受けていたのに、病気を見つけられずに死んでしまった。健康診断は役に立たないなどと言う人がいるからです。その考えは、病院や医者、健康診断嫌いの人が、自分のそんな姿勢を正当化するための方便です。もちろん、健康診断といっても100%ではないし、早い進行の病気もあります。しかし、健康診断を受けていたからこそ、早期発見で九死に一生を得る人の方が圧倒的に多いのです。

また、健康診断といっても玉石混合です。いつも受けている健康診断ではカバーしきれない身体の不都合を見つけるための精密な検査も定期的に受ける必要があります。健康診断も、ただ受けていればいいのではなく、その検査の内容やフォローアップなどを吟味して、よりよいものを受けてみる。一流品も普通商品もあるからです。そういう気配りをして病気や異変を早期発見できれば命が助かるだけでなく、多くの場合で医療費も安くつくことが多いものです。

しかし、その医療費が心配で、多くの人が民間の医療保険に入ります。多くのお金を使います。若い人も、高齢の人も民間の医療保険に入るものですが、病気になった時にいったいいくらくらいの負担があるか知っている人は案外少ないものです。日本の公的医療サービスにかかる費用はどのくらいかご存知ですか？

日本の社会保障制度は昭和の時代に作られた誰にでも優しい社会保障制度がいまだに基本になっています。それを、いま少しずつ見直す（＝厳しくしている）方向にあるわけです。たとえば、いま老人にも医療費を2割負担してもらおうという流れがあります。しかし、これは老齢になっても現役世代並みの収入のある人には負担してもらおうというものです。

大枠では、収入の少ない人にはできるだけ負担がないようにしようというものになっています。それも、相当細かく、シニアの人の経済状態を区分けしているほか、毎月の医療費の支払いの上限も設けられています。

たとえば、75歳以上の方の場合で、低所得とされる区分であれば、入院や外来の治療を受けても、世帯ごとの毎月の負担の上限は1万5000円です。一般とされる場合、これは75歳以上が2人以上いる家庭の場合で世帯の年収520万円以下、1人なら383万円未満というのですから、ほとんどの人がここに入るはずなのですが、窓口負担は1割負担でしかありませんし、それも**1ヶ月の負担の上限は、外来だけなら1人1万8000円まで。入院などがあったとしても、5万7600円**。それも、この上限が何ヶ月も続くと、さらに安くなるということになっています。現役並みの収入がない限り、負担はそれほど多くはないのです。知っていましたか？

民間の医療保険に入って、それが支給されるのには、一定の条件が付きます。たとえば、1週間以上入院する場合のみといった具合です。そういうものに100万円も払うのであれば、現金を手元に置いておく方が理にかなっているかもしれません。

いずれにせよ、そういう現実をご存知ないまま、不安に思って、内容をよく吟味しないで保険に入ってしまう方が多いです。

世の中には、人の不安を煽ってお金を使ってもらおうという広告も少なくありません。はたして、それが理にかなっているのか、支出する価値のあるものなのか？　十分に考えたいです。**買いすぎてしまったトイレットペーパーはいつか使うことはできますが、一度支払った生命保険は取り戻せないからです。**

保険に入っているとなんとなく安心です。毎月3000円でその安心感は得られるかもしれませんが、中身のないものであれば、保険商品としての価値はあまりありません。私は、そういう保険をお守り保険と呼んでいます。お守りであれば、毎月3000円は高いと思いませんか?

そして、お守りや祈りだけでは、けっして健康や長寿の人生を約束されていないことを忘れないでください。

経済評論家のひとりごと

3

仕事をなくした時に大切なこと。フラットな気持ちと雇用保険の知識について

危機の時に一番やっかいなことは普通の気持ちと状態でなくなってしまうことです。

多くの仕事にまつわる相談を受けてきました。有名会社に勤め、あと10年で定年という時に巻き込まれた出向話、半分アスリートのような生活をしている青年医師からは、事業承継のオファーを受けるべきかどうか、薬局経営の青年からは、取引先の事情から経営環境が激変してしまったが、どう対処したらいいか？　社内でのトラブルをどう解決したらいいか？　就職、リストラ、転職。

相談をしてくる人は、とても真面目で悩んでいます。上手く問題が解決したこともあれば、そうでない人もいます。特に仕事上の激変が、家族関係などにも影響すると問題はいっそう深刻になります。相談を受けた僕のすることは、まずは話をよく聞くことです。じっくり聞き、質問をして、事実関係を確認します。問題から逃げようと、自分の都合のいいように判断したり、逆にネガティブに考えすぎている場合もあります。ちょうどいいフラットな視点から状況を受け入れてもらうために時間をかけるのです。

それができると、何をすべきか見えてくるものです。状況を悪化させないために何をすべきか。事態を好転させる可能性はどこにあるのか。

本人の能力が劣っているわけでも、怠けたり成績が悪くなくても仕事上のトラブルや困難に出会うことがある時代です。たとえ、問題の原因が本人にあったとしても、それをあまり重く考えすぎて自らを全否定したり、後ろ向きの心ばかりになってしまうと、問題解決に向かう前の足踏みの時間が長くなってしまいます。嫌なことがあれば、人は落ち込むのが当たり前ですが、それを引きずりすぎるのは

考えものです。

だから、相談を受ける時に僕が一番大切にしていることは、本人の気持ちの状態です。悩んで相談してくる人が多いのですから、普通の状態でないことも多い。それを普通に戻したい。ですから落ち込んでいるなと判断した時には、徹底的に応援することにしています。何回、何十回も背中を押して、出来るだけ普通に戻ってもらおうとします。

すごく落ち込んでいる人の中に、時には僕に相談に来れば、魔法つかいのように問題を解決してくれると思う人がいるのですが、当事者じゃない僕ができることには限りがあります。代理人ではありませんから、交渉する、取引する、譲歩を引き出す、全部本人が行うことです。その時に大切なのは、気持ちが落ち込みすぎていないこと、冷静に物ごとを判断できるフラットな状態であることだと思うのです。

転職であれば、会社選びから面接まで本人が行うのです。その時、面接に後ろ向きの落ち込んだ気持ちのまま臨んでも好印象を持たれるわけがありません。フラットな考え方ができなければ、正しい判断もできません。

よく会社をリストラされた人が、それまでのことを全否定することがあります。新しいことをゼロからやりたいと言い出す。ゲームでないのですから、そう簡単にリセットできるわけがありません。余計な苦労を背負うだけです。

もちろん、家電業界の総務をやってきた人が、ベンチャー企業の総務の職を求めるというのであれば分かります。しかし、40代半ばまで外食の仕入れをやってきた人が、広告会社のクリエーターになりたいと望んでも、よほどのことがないと実現はできません。20代半ばまでの職務経験が浅い人ならまだしも、長年やってきた仕事のキャリアを捨ててゼロから積み上げることがどれだけ大変なことか。若い新卒の人材育成にもお金をかけなくなった今のビジネス界で、給料を払ってくれる仕事はいったい何なのか。冷静に考えるべきなのです。もちろん挑戦することは可能です。しかし、困難なことに挑戦する時にこそ、冷静に合理的な作戦と見取り図を作るべきです。そうでないと成功できません。

もう20年以上前に僕は何冊か雇用保険についての単行本を出しました。その冒頭でこんなことを書きました。

――私は失業という言葉が嫌いです。多くの人にとって仕事はたまたまその仕事に就いて、自分と家族が食べていくために朝から晩まで頑張って働いてきたもので、決して宝物のようなものではないはずです。それを失ったからといってそれほど哀しいことでしょうか？　失業というよりも、仕事がないのだから、無業というのが正確なところではないでしょうか？　つまり、必要以上に落ち込むことはありません。考えてみると学校を卒業して退職するまでの間にこんなにまとまった自由な時間はきっと今しかありません。そうでないと自由な時間は60代の半ばまでないのです。これは失うどころか、与えられた人生の真ん中のオーバーホールの時間です。これからのことを考えながらも、今までできなかったことに時間を使ってみたらどうでしょうか？　この期間のために、失業保険はあなたにお金を出してくれるのです。

多くの読者から、落ち込んでいたけれど、元気が出たと手紙をもらいました。この文章でなんとなく繰り返しになりますが、まずは自分の気持ちをフラットなところに持っていく。そして、あなたの貯蓄、生活の見直し。そして、公的な支援、雇用保険制度なども味方につける術を持つこと。公的な支援の中でも、雇用保険は、年齢が1歳違ったり、勤務日数が少し違ったり、会社から出される書類の中身などによっても、支援内容が大きく変わってきます。つまり、雇用保険を利用する前から知っておくべきことが山ほどあります。特に重要なことを次にまとめてみたので、ぜひ読んでみてください。

いますぐ知っておきたい、お給料から雇用保険料を払っている人がもらえるお金と特典のこと

給与明細を見て、雇用保険料が天引きされていたら、あなたは雇用保険料を払っています。雇用保険に入っていることになります。保険証が手元にない時には、総務など会社が預かっていることと思います。そして、この雇用保険はとても大切な制度です。もしも、仕事を失った時に「自ら申請すれば」お金がもらえるからです。自己都合で辞めた場合でもお金が出ることがあります。ところが仕事がなくなった時には気持ちが動転してなかなか冷静に行動できないこともありますから、この機会に読んでもらって、ここに書いてあったなと覚えておいてください。

雇用保険でもらえるお金は、自分の都合で辞めたのか、会社からクビにされるなどの会社都合の退職の場合（特定受給資格者）や、自分から会社を辞めたとしても、特定の理由で辞める（特定理由離職者）なのかによって、もらえる期間や金額がまったく変わってきます。

たとえば、自己都合で会社を辞めた場合に、手当が支給される条件は、雇用保険に入っていた期間が1年から10年未満で90日、20年未満で120日、20年以上で150日まで手当が出ることになっています。また、離職前の2年間で12ヶ月以上、雇用保険に加入していることが条件になります。

しかし、会社都合で失業する場合はどうでしょう、たとえば、解雇（クビに）されたり、倒産などの場合には、特定受給資格者となり、もらうための条件が大きく変わります。離職前の1年間で6ヶ月以上加入していればお金がもらえるのです。ここには、クビでなくても、会社から事前に知らされていた仕事の内容や給与が違っていたから自分で辞めるといった場合も含まれます。この特定理由離職者も同じ支給の条件（離職前1年で6ヶ月以上の加入）となります。さらに、もらえる期間が自己都合に比べて

圧倒的に長くなることがあります。1年未満でも90日もらえるほか、年齢と働いていた期間によって最長330日もらえる場合があります。さらに、離職後最長2年間、健康保険の保険料が安くなります。

特定理由離職者とは、どんな場合でしょうか。たとえば、契約期間が満了となり更新されなかった、長時間労働（条件あり）、社内でのいじめや退職するように言われたり促されて退職する場合なども含まれます。他にも、育児、妊娠、結婚、介護や健康上の理由などでも認められる場合があります。

自己都合の場合には、もらえる期間が短いだけでなく、ハローワークに申請してから2ヶ月（3ヶ月の場合もあり）は給付制限期間があり、もらえませんん。離職して2ヶ月後からもらえると誤解している人がいますが、申請してから2ヶ月の制限期間と7日間の待機期間はもらえないのです。会社都合（特定理由離職を含む）の場合には、申請後、7日間たったらもらえるようになります。もらえる金額の上限は次のようになります。29歳以下は、1日につき、6850円、30歳から44歳が7605円、45歳から59歳が8370円、60歳から64歳が7186円（令和2年8月1日〜）です。ですから、45歳の人が上限の330日もらえるとなると、最大276万円もらえることになります。

ここまでの話をまとめると、自分の都合で辞めるのと、会社都合で辞める特定受給資格者と特定理由離職者になるのでは、大きく違います。時おり会社から辞めてほしいと言われた場合でも、会社が自己都合で辞めたことにしてほしいと言ってくることがありますが、退職後の失業給付に大きな差が出てきてしまうことがあるので注意しましょう。

申請はハローワークにするのですが、ここで必要な書類として、会社が離職後7日間以内に発行する離職票（ここで退職理由が違っていたらすぐに訂正してもらわなくてはいけません）と雇用保険被保険者証の他に、預金通帳、本人確認書類（運転免許証、マイナンバーカードなど）、印鑑、写真（3センチ×2・5センチ）2枚などが必要となります。

また、いくら会社都合で退職したとしても、すぐに仕事を見つけたい、働きたいという意思があることが失業給付の条件となっています。会社をクビになったので知人の会社を無給で手伝っているなどという場合も給付対象から外される場合もあり得るので注意しましょう。また失業給付をもらっている間に短期間のアルバイトをすることが許されることもありますが、週に20時間以上、31日以上の雇用などが見込まれると受給資格を失うこともあります。ここも注意したいところです。

ハローワークは失業給付を受けるだけでなく、無料で仕事の紹介もしてくれるほか、職業訓練を紹介してくれる機関でもあります。訓練は最長2年、費用は原則無料で、さらに交通費や訓練手当が支給されることがあります。その上、失業手当の支給期間が増えることもあります。自己都合で退職した場合でも、この職業訓練（公共職業訓練）を受けると2ヶ月の待機期間内でも支給が始まります。内容としては、医療、財務、介護、総務、インターネット、旅行、貿易、不動産、建築、造園、電気、塗装、印刷、ファッション関係など多岐にわたります。

雇用保険の受給期間中に仕事が早く見つかった場合（再就職手当）や、働いてみたら前の仕事より大きく給料が減った場合（就業促進定着手当）など、さらに雇用保険から手当＝お金が出る場合があります。

どうでしょう。知らないことが多くあったのではないでしょうか？　雇用保険制度はとても大切な制度なのですが２００７年、安倍首相の時代に大幅に制限されてしまいました。しかし、その後、リーマンショックなどが起きて、国民の不満の声が大きくなり改善されることもありました。時おり改定されつつ存続している制度です。私はみなさんが仕事を選ぶときに、それがアルバイトや非正規だったとしても、雇用保険制度をきちんと整備している会社かどうかはとても重要なポイントだと思います。万が一の時に、大きく生活を守ってくれるものだからです。

第3章

年金で知っておいてほしいことをひとつひとつ順に説明します

1

年金にまつわる不安のいろいろ。噂でなく本当のことを知っておこう

月に一度行われる世論調査で、常に高い関心を集めているのが年金や福祉、社会保障の問題です。安心した老後を過ごせるようにしてほしいという多くの人の思いがあるのです。しかし、それは裏返せば、誰もが今のままでは十分な年金や社会保障は受けられないのではないか、という心配をしているということだと思います。

老後は大災害や疫病と違って、誰にでも必ずやってくる人生後半における生活上の一大事です。

政治は遅々としていて、今後ますます進む超高齢化社会に対応できる抜本的な社会保障改革を行えていません。8年近くも続いた安倍政権で行われた年金改革といえば、マクロ経済スライド方式を本格的に稼働させたことです。これは、その時の経済や財政の状況などで支払う年金の額を自動的に減らすことができるシステムです。年金を簡単に減らせる。そんなことを国民が求めているわけではありません。年金を支

払う国にとってはよくても、それで生活をしていく国民にとっては、困った話なのです。

そして、2019年には年金2000万円問題が起きました。公的な年金だけでは、老後の生活を支えることはできないので、2000万円を自ら用意する必要があるというリポートを、国が選んだ専門家らが報告書としてまとめたのですが、麻生太郎財務大臣ほか、政治家はそんなものは受け取れないと突っぱねました。国民の老後の生活はボロボロだという報告書だからです。国民から批判の声が上がるのを恐れたのでしょう。臭いものに蓋をしたと言ってもいいかもしれません。

でも多くの人が、なんとなく将来の年金制度を不安に思い、とっくの昔から、きっと年金だけでは暮らせないということにも気がついていたはずです。このままでは、将来は大変なことになる、考えたくない未来の現実です。

多くの人が将来を心配しています。そして、2つのことをしています。ひとつは、節約してお金を貯めること。もうひとつは、将来のことを不安に思うことです。

不安に思っている人に向けて、このままでは将来が大変だから、お金を増やしましょう！　とリスクの高い金融商品や怪しい詐欺まがいの儲け話を持ちかける筋も少なくありません。そういうものに騙される人も多くいます。将来の老後のお金を増やそうとして、反対にお金を大きく減らしてしまうのです。

また、詐欺ではなくても、老後のために今から投資をしましょう、と宣伝するのが、日本を代表するような大銀行や証券会社です。しかし、簡単に投資で儲けられるわけがありません。テレビでは豊かな将来のために投資が必要と伝えられます。若者の中には、早めに始めればさぞかし安心が安全に手に入るのだろうと、実際に虎の子のお金を持って窓口に行くと（ネットの取引であったとしても）、取引にはリスクがあり元本を下まわる可能性がありますと書かれた書面にサインすることを求められます。

将来のことを不安に思う気持ちはよくわかるのですが、心配は山ほどしているのに、本当に必要なことが後まわしになっていませんか？　とみなさんに問いかけたいです。それは、**まずは老後の生活を支える年金の制度についての知識**を得ることです。いま勉強しても将来もその制度が続いているかはわかりません。しかし、**現状を知ることは重要**です。将来の制度は、今の制度を土台にして変わっていくものだからです。

将来が心配だ、年金だけでは足りないと思うだけで、年金のことをほとんど知らない人が大半です。なんで知らないかというと、説明する側が下手くそだからです。分かってもらおうと努力してないからです。まずは次のことから確認していきましょう。

国民年金制度で、第何号被保険者ですか？ 過去はどうでしたか？ 手続きは？

年金は誰にとっても老後の生活の柱になるお金です。老後に必要なお金は人それぞれで違うのですが、もらえる年金の支給額も人それぞれでまったく違います。使うお金も、もらうお金も人それぞれでまったく違う。そして、知っておきたいのは平均でなく自分と家族のお金のことのはずです。

僕が心配するのは、**年金について知らないために、将来もらう年金のお金をみすみす減らしてしまっている人**が少なくないということです。とくに女性が心配です。なぜなら、多くの女性は夫に先立たれてから、10年近く、おひとり様の人生を生きることになります。多くは80歳前後からのことが多いのですが、年金のことは、その時点で慌てても遅いです。将来の毎日のお金に関わってくることですから、まずは、平均でなく、自分はどうなのか知っておきましょう。

日本は20歳以上の国民全員が国民年金制度に加入することになってます。そして、

日本の国民年金制度は1から3のタイプに分けられています。

第1号被保険者、第2号被保険者、第3号被保険者の3つです。

「被保険者」というのは、年金の掛け金を払って、老後などに年金をもらう人のこと。その制度が3種類に分かれている。自分がどれなのか確かめておきましょう。

まずは、サラリーマンからパートまで会社勤めや公務員などで、毎月天引きで厚生年金の保険料を払っている人は第2号被保険者になります。そして、第2号の配偶者の人、つまり、多くはサラリーマンや公務員などの妻で、専業主婦か、パートなどで働いていても年収が一定以下の人は第3号被保険者になります。妻でも外で働いていて、それ相応の収入があれば、第1号や第2号被保険者になります。そして第2号でも3号でもない人が第1号被保険者です。自営業者、フリーランス、農林水産業の人、学生、無職、自営業者の妻で第2号被保険者でない人、などです。

第2号被保険者は厚生年金保険料を給料から天引きで毎月支払います。払っている厚生年金保険料は、第1号被保険者の払う国民年金部分と、厚生年金の報酬比例部分とあわせて天引きで払っていることになります。「厚生年金保険料」と給与明細に書いてあるはずですから確認してください。そして、この保険料のうち半分は勤め先が負担してくれています。第3号被保険者は、自らは国民年金保険料を支払う必要はありません。この制度は1986年に始まったものでその保険料は、年金保険制度が全体で支払ってるという考え方です。払わなくても、自営業者などが入る第1号被保険者の国民年金と同じ保険料を払ったものとして計算されています。そして、第2号の厚生年金の人が給料天引きなのに対して、第1号被保険者は、国民年金の保険料を、銀行引き落とし、カード払い、請求書払いなど方法はいろいろありますが、自ら支払います。天引きでないので、中には無視したりして支払わない人もいます。通常は支払期限を2年過ぎてしまうと、支払うことができなくなります。しかし、国民年金の保険料を支払わないと、老後に支給される年金のお金が減っていきます。

先ほど、20歳以上の国民全員が、国の年金制度に入ると申し上げましたが、20歳以下で入っている人もいます。それは、中学や高校を卒業した後、企業や役所に就職した人の中には、10代から厚生年金保険料を払っている人もいるからです。それ以外の人のところには、20歳になると、国民年金のお知らせと請求書が送られてきます。あなたは、第1号被保険者です、だから、国民年金の保険料を支払ってくださいというお知らせです。保険料を支払ってくださいと確実にお知らせが来るのはこれ1回きりです。

多くの女性が年金の空白期間を作ってしまい、もらえる年金を減らしてしまってる

みなさんに、自分は第何号なのか確認してもらいましたが、大切なのは、多くの人が、人生の中で、第2号だったり、第3号になったり第1号に戻ったりと変化すること、それを忘れないでください。とくに女性は変動が多いです。

たとえば、20歳で短大を卒業して就職して働いて第2号になったけれど、結婚して退職し専業主婦の第3号被保険者になる。子育てが終わって、外で積極的に働くようになり、年収で200万円近くもらうようになり、第2号被保険者に復帰。5年働いた後の次の職場では月5万円程度の軽い仕事となったため第3号被保険者に戻った。50歳を過ぎたころ仕事はまったくしなくなった。さらに、夫が退職して自営業者になったので、妻も第1号被保険者となった。このように多くの人が、第1号から第3号まで、いろんなタイプの被保険者に変化するのが一般的です。

そして、第1号被保険者に戻った時には、自ら役所に第1号被保険者になったとの

	第1号	第2号	第3号
どんな人	2・3号以外の人（自営業、農林業、学生、主婦など）	サラリーマン・公務員	2号の配偶者で20～60歳（収入条件有）
払う保険料	国民年金	厚生年金	――――
もらう年金	基礎年金	基礎年金＋比例部分	基礎年金
払い方	銀行振込・クレジットカードなどで	給料天引き	本人自身は払わない
加入方法	役所に届け出る必要も	会社等が手続き	配偶者の勤務先が行う

加入の届け出が必要です。原則として会社を退職してから14日以内の届け出が必要とされています。一方で第1号から、第2号被保険者になったり、第3号被保険者になったなどの届け出は、会社の総務課などが就職した時に手続きしてくれますし、そのあとで結婚などした時にも夫がきちんと届けてくれれば、この手続きも会社が行ってくれるので、自ら役所に届け出る必要はありません。

危険なのは、たとえば夫が60歳を過ぎて退職し厚生年金保険料を払う生活が終わった後です。その時に妻が55歳ならば、妻自身で残りの60歳までは、第1号被保険者として国民年金保険料を自ら支払わないといけない立場になったのです。うっかり届け出をせずに、支払わないまま放置すると、年金の空白の期間ができてしまう。そのために、妻名義で将来もらう年金がそれだけ減ってしまうことになるのです。長いこと自ら年金を支払ったことがなかったので、仕方がないことですが、第1号被保険者に戻った時には、自ら役所に届け出る必要があるのです。空白の期間でどれだけ年金が減るのか、見てみましょう。

第3号被保険者の期間でもらえるのは、第1号被保険者の人と同じ、国民年金の老齢基礎年金だけです。これは、20歳からの40年間、空白がなく、きちんと対応してきたとしても年間で約80万円です。元々少ないのです。

たとえば、学生時代の2年間と妻が56歳の時に夫が退職して第3号でなくなったのに届け出をせず4年間の国民年金保険料を支払わなかったとすると、合計で6年分の空白期間ができることになります。40年分のうち6年分、つまり全期間の15%ですから、支給される妻自身の老齢基礎年金も15%減ってしまいます。年間80万円の基礎年金のうちの15%とは12万円、つまり、ざっくり毎月1万円です。それが、生涯死ぬまで少ないまま続くのです。1万円あれば、毎日食費に300円余計に使えます。1万円あればお米が何キロ買えるでしょう。1人や2人の生活なら光熱費の多くをカバーできるでしょう。けっして気にならない金額ではありません。死ぬまでの毎月・毎日のことだとなおさらです。

とても大雑把な計算になりますが、たとえば65歳から老齢基礎年金をもらい始めて90歳で亡くなるまで25年間の間、もらえる年金が毎月1万円も減るとすると、300万円ももらう金額が少なくなります。たった6年間の空白でそれだけ損をします。では、この300万円をもらうために、年金のお金をいくら払うことになるのでしょう。

今は毎月の国民年金の保険料はおおよそ1万6000円です。12ヶ月で年間19万2000円。6年間払っても、その合計金額は115万円程度です。115万円年金のお金を払って、300万円の年金をもらう。年金を払わずに放っておくのと、どちらが得になるのかは明白でしょう。

まずは、**第3号被保険者の方は、夫が厚生年金を払わなくなったら、第1号被保険者になるのだ。自ら役所に届け出が必要**なのだと覚えておいてください。

そして、穴が空いていることに気がついた方は、ああ、失敗した。損したと思っておられるでしょう。いったいどうすればいいか。簡単に申し上げると、**過去2年までのものは遡って払えます**。また、**60歳以降も国民年金には任意加入することができて穴を埋めることができます**。ちなみに、わかりやすく空白期間とか穴と説明してきましたが、役所の年金制度の説明では「未納」とか「未納期間」と表現されています。

このように年金には知ってもらいたいことが、山ほどあるのです。

年金の空白期間はきちんと埋めよう。チョイスのひとつは、国民年金の任意加入

多くの場合で、老後の年金は夫の方が多く、妻が少ないものです。なぜなら、夫は会社員や公務員として第2号被保険者として長く働く人が多く、そうなると、「老齢基礎年金」に加えて、厚生年金を払った分、報酬比例部分と呼ばれる上乗せ部分、「老齢厚生年金」もあわせてもらえるからです。最初に申し上げましたが、多くの場合、妻は夫が亡くなった後、1人の時間が10年近くある人が大半です。夫婦が生きている間は、夫と妻の2人分の年金で暮らせばいいわけですが、妻が1人になったあとの年金はどうなるのでしょうか。

その前に、もうひとつ確認してもらいたいこと、意識してもらいたいことがあります。**あなたは年金を満額もらえますか？**　ということです。

自分がもらえる年金を減らさない。満額きちんともらう。減った年金は減ったまま一生続くからです。注意してくださいね。調べてくださいね。この自分の年金の状態は、年に一度送られてくる**年金定期便を見てもらえばおおよそわかります。**

これは第一次安倍内閣の時に大きな問題となった消えた年金問題の後に生まれた制度です。年に一度、個々人にどんな年金をいつ頃、納めたのか。そういうことが記された通知が送られます。ただし、この記録は不正確なことも多く、支払った記録が抜けていたりします。これが大問題になったのが消えた年金問題です。

私自身もこの問題に引っかかった1人です。数年前に来た年金定期便をきちんと見ていくと、学生時代にしたアルバイトや外資系銀行にいた時の厚生年金の記録がすっかり抜け落ちていました。そこで、調査を依頼しました。すでに、働いた年月日があやふやだったりした上に、合併などで元の会社がなくなったりしていたのですが、数ヶ月で探し当ててくれて、私の年金記録は戻りました。それどころか、自分が忘れていたことまで調べあげてくれて、これは違いますか？　と年金定期便に記されていたのです。やはり、日本の官僚や役所の仕事は優秀だなあと思いました。

みなさんも、年金定期便をじっくりみてください。払ったはずなのに、記録されてないものがないか思い出してみてください。そして、問題がある時は、できるだけ早めに年金記録が不正確だと役所に届けて修正してもらいましょう。さて、話を戻します。それは、年金を満額もらうことにこだわる、です。

満額に達していない場合は、次のような選択肢があります。

①年金を満額もらうことを諦める。少ない年金のまま生涯暮らしていく。
②60歳以降も年金を納め続けて、出来るだけ満額に近いところに持っていく。

②の方法としては次の方法が考えられます。

・国民年金（第1号被保険者）に任意加入し65歳まで国民年金の支払いを続ける。これは60歳になった時点で自ら役所に任意加入したいと申し出る必要があります。
・60歳以降も会社員やパートタイムなどで厚生年金を支払う職場で働く。厚生年金の保険料は会社と本人が半分ずつ支払います。こうして、もらう年金額を増やしていくこともできます。老齢厚生年金の報酬比例部分が増えるとともに、基礎年金部分は経過的加算額として反映されます。
・60歳未満の専業主婦などで第3号被保険者の場合。たとえば、夫が65歳まで厚生年金を払って働くのであれば、妻は第3号被保険者の特典（=自分自身は年金の保険料を払わなくても制度上支払ったことになる）を受けることができます。ただし、夫が65歳以降も働く場合には（夫は厚生年金の保険料は70歳まで払いますが）、妻の第3号被保険者の特典はつかなくなります。

確認しておきますが、第3号の被保険者の特典を受けることができるのは、妻が60歳までです。つまり、65歳以前の夫が会社で厚生年金を払いながら働いているから、61歳の妻が、私は今も第3号だろうと思っていても、それは間違いです。

ちなみに妻が空白期間を埋めるために、60歳以降に国民年金の任意加入をする場合も、夫が妻の任意加入の国民年金の保険料を払うことができます。

払うことができる、とはどういうことかというと、夫が働いて税金を払っているのであれば、妻の任意加入の年金保険料を夫の社会保険料控除と合わせて申告すれば結果として、夫の所得税を減らすことができて得になる、ということです。

みなさん、年金を満額もらえる40年、480ヶ月支払っているかどうか、きちんと調べてください。そして、どうすべきか判断してくださいね。

厚生年金は人ぞれぞれ、平均値を知っても意味がない

老齢基礎年金は、今まで満額をざっくり年約80万円と説明してきました。実はこれは毎年少しずつ変わるのです。ここで正確にもらえる金額をお伝えしますね。令和2年度は、年78万1700円です。ですから、夫婦なら2人分で156万3400円。毎月13万円ほどですから、食費や光熱費など、生活の基本となる部分はカバーできる人も多いと思います。ただし、これは40年、480ヶ月支払った満額の場合です。

さて、今まで厚生年金の人がいくらもらえるかはほとんど説明してきませんでした。その理由は、人それぞれなので平均を知っても仕方がないからです。それでもみなさん気になると思うので厚生労働省の説明を紹介しておきましょう。

会社員として20歳から40年間、厚生年金を払いながら働いた夫と、妻も40年間、ずーっと専業主婦として第3号被保険者だった夫婦で、かつ、標準的な給料をもらってきた場合では、夫婦で毎月22万円くらいになるそうです。これは、2人分の老齢基礎年金と夫の老齢厚生年金（報酬比例部分）を合わせた金額です。年間で約265万円、と厚生労働省から発表されています。この標準というのは、平均的なもの、普通のものとはちょっと違います。なんというか、そう、モデルケースの数字です。

会社勤めをまったくせずに、20歳で結婚し、40年間ずーっと専業主婦の人は圧倒的に少数派でしょうし、20歳で就職し60歳まで標準的な給料をもらって勤め上げる夫もこれまた少数派です。モデルケースですけれど、あまり現実的でないもの、と言えるでしょう。

そもそも、老後の年金は老齢基礎年金と、老齢厚生年金が基本です。老齢基礎年金は国民年金を払ってきた第1号被保険者、厚生年金を第2号被保険者として払ってきた人、専業主婦などで自ら払う必要のなかった第3号の人ももらいます。

また、老齢厚生年金は会社員や公務員などで厚生年金を納めた人だけがもらう。

しかし、退職した時には1号や3号だった人も、3年間だけ会社員をして厚生年金を払っていたという人は、その分が計算され加算されます。つまり、何回も話してきましたが、ほとんどの人が、第1号や第3号被保険者だった期間もあれば、会社員などで給料をもらい厚生年金を天引きで納めていた期間もある。その期間は第2号です。だから、大抵は老齢基礎年金部分と、多いか少ないかは別として、老齢厚生年金の両方をもらうものなのです。そして、この老齢厚生年金は別名、年金の2階部分とか報酬比例部分と言われます。

厚生年金の保険料はお給料などによって払う保険料が変わります。そして、多く払った人が年金も多くもらう仕組みです。もらう年金が報酬に比例して変わるから、報酬比例部分と言われるのです。

また、老齢基礎年金は第1号から3号までのすべての人がもらう土台の1階部分で、第2号の人は厚生年金を払っているので、老齢基礎年金に加えてもらう上乗せの2階部分がある。だから老齢厚生年金は2階部分とも言われるのです。この2階部分は立派なものもそうでないものもあります。ですから、本当に人それぞれなのです。

おおよそどのくらい支払われるかは、年金をそろそろもらう年齢になると、年金定期便に記されることになっていることはご説明しました。ですから、平均や標準のことよりも、自分や家族がいくらもらえるのか、そこにこだわりましょう。

第1号被保険者のためのトクする年金の払い方

国民年金の保険料は毎月1万6000円以上と高額ですが、もしも毎月貯金をしているという人がいたら、ぜひ国民年金の前払い制度である前納を考えてみてください。超低金利の時代に相当お得になります。

国民年金は請求書を送ってもらって、それをコンビニや銀行などで支払う方法、銀行引き落としの方法などもあります。それによって毎月100円前後の支払い金額が変わります。しかし、もっとドーンと**お得な方法が、1年前納と2年前納**です。**1年分や2年分を前払いする方法**です。支払いは毎年4月末ごろのみです。

どのくらいお得になるのでしょうか？　たとえば、令和2年に3年分まで2年分をまとめて払った場合だと、通常は2年分で39万7800円支払うのですが、1万5840円の割引があります。1ヶ月分くらいお得になるわけです。ただし、これは銀行での口座払いの場合で、今はクレジットカードで支払うこともできます。この場合の割引額は1万4590円です。

また1年分の前納もあります。これは4160円割引になります。クレジットカードでの支払いの場合には3520円の割引です。

ただし、どちらも、クレジットカードのポイント還元が0・5%以上であれば、クレジットカード払いの方がトータルで得になります。

前納は4月末からの引き落としの時に銀行に残高がなく引き落とせないと、翌年まで毎月末払いとなり、得できなくなります。その点で、クレジットカード払いなら銀行口座引き落としと異なり残高不足ということがないので安心というわけです。

他に**4月と10月に支払う半年前納もあります**。こちらは半年分で1130円の割引。前納の割引率は複利計算で4%という、今の銀行預金の利率から考えるとものすごくお得な利率になっています。

手続きには時間がかかるので、できれば役所の国民年金の担当に2月上旬くらいまでには電話をして、国民年金の前納をしたいと申し出てください。書類などを送ってきてくれますので、必要事項を記入して返送するだけです。たいてい締め切りは2月末となっていますが、郵便の遅配などの可能性もありますから、2月中旬くらいまでには手続きができるようにした方がいいです。また、まとまった金額が決済されるので、クレジットカード払いを選択したとしても引き落とし前には文書で通知が来ます。半年払いを秋から始める場合は、8月末が締め切りですので、8月初めには連絡しましょう。

また2年分をまとめて前納した場合の所得税の社会保険料控除は、原則として、2年に分けて申告することになっています。

前納でなく毎月払う場合でも、カードのポイントを考えると支払いはクレジットカードの方が得になります。支払金額は銀行払いよりも少し高額になりますが、トータルではお得になるのではないかと思います。

令和2年度の国民年金の保険料は1万6540円ですが、銀行振替の場合、月末に払うと1ヶ月1万6490円。翌月末に払うと1万6540円。クレジットカード払いは1万6540円ですが、さてポイントはいくら分もらえるでしょう。通常は0・5%ですから82円分くらい。銀行に残高がたまたまなかったりすると、遅くなった分支払う金額が増えたりすることもありますから、クレジットカード払いの方が安心で得ですね。

2年で元が取れる、絶対お得な付加年金

付加年金は第1号で国民年金を払う人が、気軽に年金額を増やせる制度です。60歳以降に任意加入する時にも使える制度です。これは、通常の国民年金に毎月400円を追加で支払うものです。なぜお勧めするかというと2年で元が取れるからです。たとえば、付加年金を30年払ったとします。1ヶ月400円ですから、1年で4800円、30年で14万4000円多く払うことになります。すると、65歳以降、年金をもらう時には、支払った総額の半分。つまり、この場合なら、毎年7万2000円多く年金が支払われます。2回もらえば14万4000円。つまり2年で元が取れます。さらに、この付加年金で払った保険料も、社会保険料控除として、現役時代の所得税などを減らす節税効果もありますので、ダブルでお得なのです。付加年金は国民年金と一緒に払いますから、クレジットカード払いや2年前納任意加入でも同じようにできます。

年金を払えない時には、手続きをして保険料を払わない（免除）で年金をもらう

国民年金の制度そのものについて、私は大きな改革が必要だと思います。その財源の半分をすでに税金で穴埋めして成立している制度である限り、もはや純粋な社会保険制度といえないと思うのです。福祉制度の側面が強くなったと思うのです。そして、年収が２００万円の人も１５００万円の人も第１号であれば同じ年金保険料を納めるということにも非常に違和感があります。このことは後で詳しくお話ししますが、もはや保険料を払えない人、払ってない人があまりにも多い欠陥だらけの制度です。

第1号被保険者の人数は平成30年度で１４５２万人でした。そして、平成30年度の国民年金の保険料は毎月1万６３４０円でした。やっぱり高いですよね。そして、この年金のお金を払ってない人が、１４５２万人のうち６１４万人もいました。そして、この払ってない６１４万人は、この後に説明する遺族基礎年金や障害年金に加え、老後の老齢基礎年金も、もらえます。年金保険料を払っていないのにもらえる。

どういうことでしょうか。

役所に自分の生活や収入のことを話して、**年金の支払いを、一部もしくは全額を免除してもらったり、支払いを先送り（支払猶予）すること**を認めてもらっているからです。免除してもらっているので、あとで払えとも言われません。

約１４００万人のうち６００万人を超える人が毎月1万６０００円なんて払っていない。払えない。役所に払わなくていいと言われているのです。これは、今の国民年金制度は、現在の社会にそぐわないものになっていることの証拠ではないでしょうか。

年金は20歳から60歳までが払う期間ですが、もしも、この40年間。役所から免除すると言われたら、老後にもらう年金はいくらになるでしょう。今の制度では、基礎年金の満額の半分をもらえます。**国民年金は全額免除になると、その期間は保険料を半分払ったとして計算される**のだと思ってください。

ですから、たとえば、20年間は普通に払った。残りの20年は全額免除された。となると、20年分に、残り20年分は半分。満額の75%が支払われる計算になります。

同じように国民年金が払えないとしても、役所に届けを出さずに放っておいたら、その期間はまったく年金がもらえる対象になりません。空白期間、穴になるのです。

さらに、18歳未満のお子さんがいる方であれば、本来残せる遺族年金も支給されないことになってしまうのです。

年金制度は無視しないでください。払わないにしても、きちんと役所に届けを出して、免除などの認定を受けてください。

20歳以上は全員払う年金も多くの人が学生時代は払っていません。とくに4年制の大学などに通っている場合は、学費だけでも大変で、年金にまで手が回りません。親に払ってもらうことも可能ですが、この間は「学生納付特例制度」もあります。これは支払いの猶予がされるもので、割と簡単に認められます。免除になることは非常に稀です。学生時代の年金は、働き始めて給料をもらうようになったら払ってくださいという制度です。

そして、年金の猶予や免除を受けている人は、後から追納することもできます。

年金は原則として、過去2年間までさかのぼって支払うことができます。それ以降は支払うこともできなくなるのですが、**役所からきちんと猶予や免除を受けている人であれば、10年間は追納することもできるのです。**ただし、3年以上昔のものだと支払い金額が増えてしまいます。

万が一、老後の生活のために貯蓄はしているけれど、年金の支払いはしてこなかったという人がいたら、それは本末転倒かもしれません。

日本の年金制度は崩壊するのか？しないのか？

根本的な問題に触れたいと思います。

日本の年金制度は今のまま続くわけがない。中には年金制度は崩壊する、だから年金保険料など払わなくていいと主張する人がいます。日本の年金制度の将来について、筆者はどう考えているのか、ということについて答えたいと思います。

答えは、将来のことは分からない、です。

想定外のことが起これば、年金制度が崩壊や、ほぼ崩壊する可能性がゼロだとは言い切れません。また、今のままの年金制度がそのまま続くとも思えません。きっと、年金崩壊はしないまでも、10年後、20年後には日本の経済状態によって年金が減らされる可能性があるだろう。可能性だけでいうと、続いているけど、今よりは厳しくなるだろう。こういう答えになります。

将来年金がきちんともらえるか分からないのだから、第1号被保険者の中に、年金なんか払わないという人がいます。それは、自分の将来について一か八かの賭けに出たようなものです。当たればいいですが、外れた時は大変なことになります。

分からない時に取るべき選択はどちら側にも立たないということです。年金制度は盤石で今の制度がそのまま継続している。年金制度は財政難から崩壊する。そのどちらにも立たない。**年金は続いているけれど、もらえると思った金額には満たないかもしれない。ぐらつくかも。これくらいに思っておくのが一番安全です。**

年金の金額は毎年の物価水準や、今ではマクロ経済スライドといって経済状態などによっても変化する。それに、正確な金額は来年のことも決まっていないのです。つまり、年金でいくらもらえるかは、正確にはわからない。これが正直な答えです。まあ、いくらもらえるかが決まっていても、将来の物価水準がわかりませんから、本当に必要な生活費がいくらなのかもわかりません。年金でもらえる金額が2倍になっても、物価が3倍になっていれば、目減りしたのと同じですからね。

将来はわからないことだらけ、決まってないことだらけなのです。もちろん準備は**大切ですが、わからないことを心配しすぎても仕方ありません。**また、年金に対する不安は、前にお話しした２０１９年の年金２０００万円問題が起きたことも原因のひとつです。しかし、その背景には、報告書を出した人たちに金融機関の人たちが多く混ざっていたことが気になります。この人たちは、株式や投資信託など、リスクのある（損することもある）金融商品にもっと国民に興味を持ってもらって、投資をしてもらいたい人たちです。老後のお金が足りないのなら、リスクがあっても株式市場などで儲けて増やすしかない！　と思ってもらいたい。つまり、この報告書で自分のビジネスにつなげたい。そんな人が委員に大勢混ざっていた。そういう背景もあるようです。

年金やお金の本を見ていると、さあ、株式で儲けよう、不動産で儲けよう、投資信託や金で儲けよう。そんな本がズラリです。

しかし、これらには、投資したお金が増えるどころか減ってしまい、将来の生活がもっと大変になる可能性もあるのです。老後の問題はお金の問題だと、毎日のようにお金を増やそう、得しようとそんなことばかり考えていても幸せな老後はやってきません。健康でいい人間関係、打ち込める趣味や社会活動。そういういろんなことも総合的に考えないと大切な老後がお金に押しつぶされてしまいます。笑顔の老後がイチバン！　読者のみなさん、どうか気をつけてくださいね。

経済評論家のひとりごと

4

松田先生からの分厚い手紙

若い時の過ちや失敗の多くは仕方ないとしても、年齢を重ねてからの過ちは本当にダメージが大きい。今から10年と少し前の秋にしてしまった失敗は取り返しがつかない。僕の心の傷、後悔として残っているものです。

子どもの頃の自分を思い返すと赤面するというか、本当に困った子どもだったなあと思います。個性が強い、そんなレベルの問題ではなく、もしも僕のまわりにもう1人僕がいたら殴ってやりたくなる。自己主張が強く、生意気で、まわりの空気をまったく読まない。それでいて、子どもの割に権利意識が強く、成績もそこそこよい。なんでも自分でやりたがる。失敗したり負けたりすると他人がいようが声を上げて思いを発散させる。高度成長期の45人も子どもがいる小学5年、6年のクラスにそんな子どもが1人でもいたら、担任の先生はどんなに大変でしょう。

僕は小4の時の学芸会でやらかしていました。

300人くらいの小学4年生とその父兄が体育館に集まり、3時間以上も続く学芸会の総合司会をやることになった。

子どもの司会というのは、「次は4年2組アリババと40人の盗賊です」。こう一言だけ話して引っ込むのが仕事です。ところが、僕の司会は違っていた。マイクを持ちながら、いったいどんな話なんでしょうかね、楽しみですね。などと舞台転換の間をつなごうとする。幕の裏で大道具を運ぶ音がすると、ちょこっと覗いて、「すごい美術が運び込まれています！　うぉっ！」などと余計なことを山ほどいう。もちろん、それが会場の父兄や子ども達には受けるのです。そのうち、会場の同級生、つまり子どもたちにインタビューしたり、みんなで歌う時間にまで、1人舞台の上で山本直純という有名な指揮者の真似をして、「まっかな秋」を歌いながら指揮をしたりした。会場の雰囲気はいいのですが、先生の中には、目立ちすぎの僕に腹を立てて、ジェスチャーで止めろ、「いますぐ、やめ」と合図を送る先生もいました。きっと問題児として烙印を押された一日となったはずでした。

そんな僕を拾ってくれたのが、小学5年6年の担任だった松田邦雄先生です。4年の終わりのクラス分けの時に、どの先生も、あの佐藤治彦だけは嫌だと言っていたはずです。僕が担任ならお断りです。

松田先生は、自分のクラスを松の子学級と呼んでいて、僕らは松の子10世でした。ちょうど担任10回目の生徒ということです。昆虫、それも蝶々が大好きな先生で、1970年代の初め、まだ海外旅行が珍しい時代に、夏休みにはニューギニアまで蝶々の採集に出かけたりしていた。秋になると、それをクラスに持ってきて、見たことのない大きな極彩色の蝶々を見せてくれた。その松田先生に今から思うと、本当に素晴らしい2年間を作ってもらった。たとえば、松の子学級にはクラスの歌があり、毎朝みんなで合唱します。それはクラスメートが作ったものです。作詞作曲したい人が作り、みんなが投票で決める。僕も作った。ひどい歌です。「前進だ〜!」っていう掛け声で始まる歌です。候補は2曲あって、24票対22票で負けたのですが、松田先生は、佐藤くんの歌も一緒に歌おうと、2年間、毎朝2曲歌ってくれたのです。

社会に対する意識を高めるためか、子どもたちに自分で新聞を作っていいよとガリ版刷りの新聞の発行もさせてくれました。僕は毎週出した。汚い字で読みにくかったと思うけれど、「毎日小学生新聞」からの抜粋と、自分で漫画を描いて発行した。2年間で60回くらい出しました。山本有三の影響で「あすなろ新聞」という名前でした。こうして新聞に興味を持ち、毎日新聞が当時出していた「くりくり新聞」の記者に応募して採用され、竹橋の毎日新聞に出入りするようになった。そして、いじめ問題を新聞記事にもしてもらったのです。松田先生の教育はこのように、子どもがどんどん先に行くようにしてくれるのです。

松田先生はＮＨＫの教育テレビで理科教室の講師をしばらく努めたことがあり、クラスの子どもたちが生徒役で何人か出演し、それにも出してもらった。生まれて初めて渋谷のＮＨＫに出かけた。今と違って番組が本当に手作りで作られていた時代で、制作過程を間近に見せてもらった。

てこの実験をする子ども役で3シーン出してもらいました。声の出演で今もご活躍の野沢雅子さんが相手役になってくださって、リハーサルの後で、ＮＨＫの食堂でカレーライスを食べながら、「ゲゲゲの鬼太郎」の話をしたら、大喜びしてくれて色紙にサインをくれた。生まれて初めてハイヤーに乗ったのもその日で、帰りがけにもらったＮＨＫのロゴ入りの立派な文房具セットは大切に中学卒業までそばに置き、いつかこの世界で働く人間になりたいと決意したものです。

僕は成績がよかったし、塾でほとんど習ったことなので、授業の多くはもうわかっていることばかりです。だから、松田先生が次にどんな説明をするのかもわかっていて、一番後ろの席から小声で、こんなこと言うよ、ああ説明するよって、推理小説の犯人やトリックを先まわりして言うような子どもだった。そんな僕を叱りもしませんでした。先生は授業が本当にやりにくかったと思います。

松田先生に叱られたことは本当に数少ないです。

僕は小学6年生の時に放送委員会に属して、週に一度ほどお昼の放送の担当をしていました。家にあるクラシックのレコードや、ディズニーのお話のレコードを持ってきて、かけていた。オープニングの後には、「今日はチャイコフスキーのくるみ割り人形です」とか、「今日は、ダンボの前半です」と話してレコードをかけるわけです。ところが、ずーっと続けているとネタがなくなってくる。同じレコードをもう2回もかけている。さて、どうしたらいいものか？　そこで、僕はある時、父親が持っていた軍歌のソノシートを持っていき、お昼の放送でこうやったのです。「今日はいつもとちょっと違ったものを紹介します。みなさんご存知。パチンコ屋さんから流れてくる曲。ではお聞きください。軍艦マーチです！」。音楽が流れて1分と少しのところで、松田先生が放送室に血相を変えて飛び込んできた。靴を脱いでスリッパに履きかえなくてはならない放送室にそのまま入ってきて、大声で「すぐにヤメろ！」と言って放送は中断された。針が跳ぶ音でその日の放送は終わった。僕はビンタもされた。

松田先生は哀しそうな顔をして、「ジャンボ、よく考えろ！」と言い放ったのです。ジャンボというのは僕のニックネームで、5年生の初めに背も高く太り気味だった僕を、松田先生がそう名付けてくれて、学年全員がジャンボと呼んでいた。ゴルフのジャンボ尾崎から取られたあだ名です。

いつも優しい松田先生が鬼の形相で飛び込んできて放送を中断させた。よほどのことをしてしまったのだと僕は思いました。今から思うと先生は子どもたちに、戦争だけは経験させたくない。戦争で子どもたちが死ぬような世の中にしたくない。そういう思いで教師をしている先生なのです。放課後、職員室に謝りに行きました。そして、どう赦してもらったのか、よく覚えていません。その日も下校放送はあって、僕が当番でドヴォルザークの新世界交響曲の第2楽章をかけながら、「気をつけて家に帰りましょう」などとアナウンスしたのを覚えています。

叱られたことがもうひとつあります。先に書いたように、僕はガリ版刷りの新聞を出していた。経済や社会に関することも書いていた。僕らのクラスには、いろんなタイプの子どもがいて、軽度の知的障害の子どもや九九を覚えられない成績の悪い子もいました。そういう子どもの1人が新聞を出した。それはA4のわら半紙に50文字くらいしか書いていない落書きみたいなものでした。それを僕は馬鹿にした。その時も松田先生にこっぴどく叱られました。

先生は、そういうことは絶対に見逃さない、許さなかったです。クラスにいたその子は、いつも小さくなって生きていた。子どもはそういうことがわからず、からかったりいじめたりする。それを松田先生は心から叱る。逆に親切にすると、うれしそうな顔をする。そんな先生でした。

こんなこともありました。僕はなかなか25メートルが泳げませんでした。松田先生は応援はしても、しごいて泳がせるなど無理なことはしない。僕は、ある時「ポセイドン・アドベンチャー」という豪華客船が海原でひっくり返り、生き残った乗客が必死のサバイバルをするという映画をみて、泳げないといざという時に死ぬしかないんだと悟った。そこから必死になった。問題は明らかでした。息継ぎがうまくできないから10メートルくらいで立つしかなかったのです。そこで、僕は夏に豊島園（2020年に閉園した）の流れるプールに出かけて練習したのです。そこなら、体は流れていくので、泳がず流れに体を任せ、息継ぎだけ練習することができます。そして息継ぎができるようになってから、水を腕でかきバタ足で進むことを加えていくという練習をした。あっという間に泳げるようになった。夏休みが開けると25メートル泳げるようになっていて、松田先生は本当に喜んでくれました。年賀状に本当によくやったと書いてくれた。僕が今でも近くのジムに週に2回泳ぎに行くのも、それぞれの子どもの能力が育つのを遠くからじっくり見守る。そんな松田先生の教育方針のおかげなのです。

いろいろと考えると、今の僕を形成している、いろんなきっかけが、あの小5と小6の2年間にあったのです。そこで芽を潰さないでくれた。でも人としてやってはいけないことだけは、ピシッと叩き込んでくれた。それが松の子学級でした。

僕は31歳の時に放送作家の見習いのようなことから放送業界に入り、すぐに出る側に変わりました。

モノを書くようにもなりました。人生ですからいろんなことがありました。後悔も山ほどあります。でも、なんとか生きてきました。放送に出るようになって、いろんな人が声をかけてくるようになった。興味本位で人の生活に土足で踏み込むようなことをする人も少なくない。値踏みもされる。その度に嫌な思いをします。まあ、放送に出るのはそういうこともあるのだと受け入れてはいますが、いい気分ではありません。それは同窓会でも同じで、楽しい気分で帰ったことはなかったのです。

今から20年ほど前から、何回か松の子学級の同窓会のお知らせが来るようになりました。考えてみると卒業してから、お世話になった松田先生に年賀状も出さないままでした。小学5年生から高校卒業まで密かに思っていた女の子がどうなっているかには興味はあったのですが、毎回欠席した。

それがある年の同窓会の連絡のときに分厚い松田先生の手紙が入っていた。僕がテレビやラジオなどで活躍しているのを心から喜んでいる。会いたいから、都合をつけて出てくれないか。もう高齢なのでいつまで同窓会をできるか分からないと書いてあったのです。小学生の頃を思い出し、胸が熱くなりました。それでも、僕は欠席したのです。却って、その手紙が重かったのかもしれません。また、当時はそれ以前と比べると放送に出る頻度も減っていて、街を歩いているときに、見知らぬ人から、「この頃出ないねえ」なんて嫌味を言われたりして、うんざりしていた頃でもあったのです。私生活でもいろんなことがあった。だから、あまり人前に出たくない時期だったことも影響していると思います。

小学校の同窓会に出たら、どういう状態になるのかも十分に予想できて、面倒を避けたい思いを優先させたのです。

しかし、松田先生が出てほしいと言ってくれているのです。先生の恩義に応えることが、長いこと生きてきた僕になぜできなかったのでしょう。とても恥ずかしいです。

40代の終わりの話です。

それから同窓会の連絡は来なくなりました。あれから、もう10年以上経ちます。僕は本当に酷いことをしたと思っています。あれほどお世話になった恩師が、自ら会いたいと丁寧な手紙をくれたのに、断った。若い頃の失敗や間違いではありません。もう齢を重ねた後に人の心を踏みにじるようなことをしてしまった。申し訳ない気持ちでいっぱいです。今では、先生が生きておられるのかも、分かりません。

松田先生、松田邦雄先生。お元気でしょうか?

僕は先生からお誘いがあったのに、同窓会の出席を断ってしまって、心から後悔しています。どんなことがあっても出席するべきだった。小学生の時に、クラスメイトにあんなに迷惑をかけたのだから、少しくらい嫌なことがあっても笑って受け流せばいいだけでした。それよりも、先生に直にあって当時のお礼を言いたかった。こんな自分が嫌でたまりません。どうも、あの小学生の時から自分はあまり成長できていないようです。それがよく分かりました。僕は暮らしていけるだけの収入があれば、あとは人に優しく、とくに困っている人、弱い人に、社会の光が当たってない人に心を込めて接する。そういう人になりたいと思って生きています。そう気持ちのタネを蒔いてくれたのは、松田先生でした。自分はいまだに未熟で間違った判断をする。してはいけない判断もするんだと、後悔しながら生きています。

本当にすみませんでした。そして、本当にありがとうございました。

会えるものなら、先生に会いたいです。僕は多感な小学5年と6年の時を松田先生の松の子学級で過ごせて、いま心から感謝しています。

第4章

夫が亡くなったあと
妻は年金をどれくらい
もらえるのか?
そして年金の未来は?

1

年金とは同時に3つの年金制度に入るもの。老後の年金だけではない

さて、日本の国民年金の制度は原則として20歳から60歳までが年金の保険料を払う期間、65歳から死ぬまでが年金をもらう期間だ。そう理解されています。

ただし、その年金とは老齢年金のこと。つまり老人になってからもらう年金のことで、国民年金や厚生年金などを払ってる人は、自動的にもう2つの年金制度に入っていることも忘れないでほしいです。合計で3つの年金制度があるのです。

それは、①老後にもらう**老齢年金**、②年金の被保険者（＝年金を払っている人）が死んだ時に、残された家族などに支払われる**遺族年金**、③被保険者が現役時代などに大怪我などで働けなくなった場合などに支払われる**障害年金**。**これらの3つ**です。

そして、老齢年金と遺族年金に関しては、国民年金、厚生年金を払ってるどちらの人ももらえるのが、老齢基礎年金と遺族基礎年金。さらに、厚生年金を払った人には、老齢厚生年金と遺族厚生年金も加えて支給されます。

知っておきたい遺族年金のこと

厚生年金や国民年金。毎月払う年金は、老後を迎えた時にもらう老齢年金が柱です。しかし、同時に他に2つの年金制度にも自動的に入っている。それは、遺族年金制度と障害年金制度です。

遺族年金。これは、国民年金または厚生年金を払っている人、もしくは、かつて払っていた人が（条件あり）、亡くなったときに、その人の収入で生活していた遺族が受けることができる年金です。

たとえば、夫婦と4歳の子どもがいる家庭で、夫が亡くなってしまいました。この家庭には、年金が出ることがある。この年金が遺族年金です。

サラリーマンとして長く勤めた夫が亡くなった。残された高齢の妻に年金が出ることがある。この年金も遺族年金です。

遺族年金には「遺族基礎年金」と「遺族厚生年金」があります。亡くなられた方の年金の種類や納付状況などによって、いずれか、または両方の年金が支給されます。

これらは遺族になった方が自ら手を上げて、役所に届け出ないともらえません。だから、自分はもらえるのか？　自分に万が一のことがあった時に妻や子どもにいくらお金を残せるのか？　それを知っておくことはとても重要です。

たとえば、多くの若いお父さんは、子どもが小さいときに、民間の生命保険に入ります。自分に万が一のことがあった時に残された家族が困らないようにするためです。たとえば３０００万円残してあげたいと思ったとします。だから３０００万円の生命保険に入って掛け金（保険料）を払う。しかし、もしも遺族年金で２０００万円もらえるとなったらどうでしょう？　生命保険は１０００万円だけ入ればいいですね。合わせて３０００万円残せるのだから。そうなると、生命保険料の保険料はぐんと安くなる。その分は貯蓄にまわせます。毎日の生活で楽しむことにも使えますね。

ということで、遺族年金のことを知っておくことはとても大切なのです。

まずはよく知られた、遺族基礎年金についてお話ししましょう。これは、**国民年金の第1号、もしくは第2号の人が18歳未満の子どもを残して亡くなった時に支給されるもの**です。たとえば、夫が亡くなり、妻と幼い子どもが残されるという場合です。子どもだけが残された場合も支払われます。子どもが18歳で高校を卒業する3月末まで支払われます。

その金額は、たとえば、妻子が遺族となった場合、令和2年で年間で78万1700円（これは、老齢基礎年金の満額の金額と同じですね）に子どもの分を加算した金額です。子ども2人まで1人につき22万4900円。3人目以降は7万5000円です。

妻と生まれたばかりの双子の子どもを残して、働き手であった夫が亡くなった場合で試算してみましょう。

78万1700円に、22万4900円の2人分なので、合計123万1500円（毎年少しずつ変わるのですが、この金額で試算してみます）が、子どもが18歳になるまで毎年払われるのです。18年と考えると2216万7000円です。これが遺族基礎年金です。この金額が、亡くなった時に、年金をきちんと納めているか、もしくは、役所に届けてきちんと免除してもらっている人に支払われます。そうです。年金保険料を払っていなくてももらえることがあるのです（この免除のことについては、第3章の⑧で説明しましたね）。

支払いを受けるためには18歳未満の子どもがいることが条件です。夫婦でも子どものいない妻には遺族基礎年金は支給されません。さらに、念のため申し上げておきますが、18歳未満の子どもがいても、子どもがたとえば17歳で結婚すると、その時点で子どもと見なされなくなります。また、妻の年収が850万円以上ある場合は支給されません。遺族年金がなくても十分生活できるということですね。

次に、遺族厚生年金です。現役で厚生年金保険料を払っている人（会社員や公務員）が亡くなったとき、その遺族がもらえます。こちらは、子どもがいるかいないかは関係ありません。さらに、厚生年金を払っていた会社員のときに、病院で病気が判明した場合です。その後で、たとえ会社を辞めて厚生年金を払わなくなっていても、5年以内に亡くなった時には遺族厚生年金が支給されます（ただし、年金を払うべき期間のうち3分の2以上で年金を払っていること、もしくは免除を受けていることが必要となります）。

そして、次が女性のほとんどの人に関係するので一番大切なのですが、退職した後でも**老齢厚生年金の受給資格期間が25年以上の人が亡くなった時にも支給**されるのです。たとえば、22歳で会社員として勤めはじめて25年、47歳まで厚生年金を払っていた人、もしくは、厚生年金と国民年金を合わせて25年以上払った人なら、退職した後に亡くなった場合も、その遺族に遺族厚生年金が支給されるということです（付け加えておきますと、この25年という条件には、年金の免除期間も含まれます）。もう一度繰り返します。老後になって退職し老齢厚生年金をもらっている夫に先立たれた妻などにも遺族厚生年金は支給される。こういうことになります。

夫婦ともども65歳を過ぎて、年金生活に入ってみると、大半の家庭では、夫名義の年金が多く、妻名義の年金は少ないと気付くものです。なぜなら、夫は人生の大半で厚生年金を払い続けたので、基礎年金以外にも報酬比例部分が多いからです。反対に妻は外でパートとして長年働いてきたとしても、第3号被保険者として、自らは年金保険料を払わない期間が長かったので、もらえる年金は1階部分の老齢基礎年金が大半で報酬比例部分の2階部分は学校を卒業してOLとして働いた数年分しかないからです。そのような場合、妻は夫が死んだ後、自分の年金だけでは食べていけないと心配するものです。が、**夫が死んだ後も、夫がもらっていた年金の一部は遺族厚生年金としてもらえる。**ここを覚えておいてください。もう少し、具体的に、いくらもらえるのか知りたい。その計算方法を知りたいという方は続けて読んでください。

老後に夫が先立ったあと、妻はいったいどのくらいの遺族厚生年金がもらえるのか？

妻が老後に夫に先立たれた後にもらえる、遺族厚生年金の金額は夫の2階部分、つまり**報酬比例部分の75%**です。間違わないでいただきたいのは、夫がもらっていた年金の75%ではないことです。基礎年金部分や経過的加算額（あとで説明します）の部分は妻には引き継がれません。夫の報酬比例部分の75%ということです。さらに、そこから、妻の報酬比例部分が差し引かれた金額が、実際の支給金額となります。

今は妻も厚生年金を払いながら務めた経験がある人がほとんどです。その場合、金額が多いか少ないかは別として、妻にも老齢基礎年金だけでなく、報酬比例部分の老齢厚生年金が支払われます。そして、夫の遺族厚生年金が出ると、妻の報酬比例部分は支払い停止になるということです。

たとえば、夫の報酬比例部分が月8万円。妻の報酬比例部分が月5000円だとします。夫が生きている時には、この世帯がもらってる年金の報酬比例部分は、夫の8万円と、妻の5000円の8万5000円ということになりますね。それが、夫の死後は8万円の75%の6万円が妻に支給される遺族厚生年金になるということです。ところが、6万円＋5000円とはなりません。妻がもらっていた5000円分の報酬比例部分は支払い停止となるので、8万5000円が6万円になるというわけです。

妻も相当のキャリアウーマンで自身も報酬比例部分が6万円もある場合はどうでしょう。通常のルールでは、夫の遺族厚生年金は6万円だけれど、妻の報酬比例部分も6万円なので全額支払い停止となってしまい実質的には1円も遺族厚生年金としてもらえないことになります。そこで、次のようなルールも別にあります。

遺族厚生年金の金額は、夫と妻の報酬比例部分の50%ずつを合計した金額でもいいというルールです。この場合は、夫の報酬比例部分が8万円と妻の6万円をあわせて14万円。その50%だと7万円となります。妻の6万円の報酬比例部分を考慮すると、1万円が遺族厚生年金として支払われると考えればいいわけです。

また、子どもは独立したけれど、妻は65歳前で年金をもらっていない。しかし、夫に先立たれる場合もあります。もちろん、厚生年金を含めて25年以上、年金を払ってきたときには遺族厚生年金が支給されます。そして、他にも支払われるお金があります。

きちんと知っておきたい、女性のための3つの年金制度

ところで、年金のことを自分で調べようとすると、きっとみなさん、難解な文章と細かい条件つきの例外規定が山ほどあって、うんざりすると思います。年金制度は少しずつ変わっていくし、生まれた年で区切られたりさまざまな条件が付くことも多いです。それが、年金の話をわかりにくくしている理由のひとつです。そこで、この本では、おおよそ1955年生まれ以降の人を念頭に書いています。また、例外規定など説明を省いている部分もあります。

さて、とくに女性に覚えておいてほしいことです。3つあります。**中高年の寡婦加算額（かふかさんがく）、死亡一時金、寡婦年金の3つ**です。

中高年の寡婦加算額は、夫がサラリーマンや公務員など厚生年金を払ってきた人の妻に関係すること、死亡一時金と寡婦年金は夫が自営業など第1号被保険者で妻自身も国民年金を払っている人に関係する話です。

まずは、**サラリーマンの妻に大切な中高年の寡婦加算額**について説明しましょう。

遺族基礎年金は18歳未満の子どもがいることが支給の条件だと説明しました。ですから、サラリーマンの妻などで、子どもがいないと万が一の時に遺族厚生年金だけとなってしまいます。少ないです。その場合には中高年の寡婦加算というものが遺族厚生年金に加えて支払われる場合があります。**夫を亡くした時に40歳以上（年金が出るまでの）65歳までの妻で子がいないことが条件です。**この期間遺族基礎年金の75％の金額が支払われます。令和2年であれば、年58万6300円となります。65歳になったら自分の年金が出るから終わります。

また妻が40歳になるまでは遺族厚生年金と遺族基礎年金をもらっていたが、子どもが18歳に到達して遺族基礎年金が停止された場合には、代わりに中高年の寡婦加算額が支払われます。

さて、ここで疑問がわきます。元会社員の未亡人はどうなるかということです。たとえば、夫が20歳から働き始め50歳で亡くなった。その時、妻は42歳。ずーっと会社員で厚生年金を払ってきたのに、亡くなった時は自営業で国民年金を払う第1号被保険者だった場合です。前にもお話ししましたが、すでに厚生年金と国民年金合わせて

25年以上払っているので、亡くなった時には会社員でなくても、遺族厚生年金も支給されます。ただし、中高年の家婦加算も支給されるためには、亡くなった夫が20年以上厚生年金を払ってきたことが条件となります。

また、30歳未満で子どものいない妻に対する遺族厚生年金が支給されるのは5年間のみとなっています。若いし、子どももいないのなら、もう一度、自分で人生をたて直してくださいということなんでしょうね。

さて、次は第1号被保険者向けの、**死亡一時金**についてです。

第1号被保険者として国民年金を納めてきた人が、**若くして老齢年金をもらわず亡くなってしまった場合**。遺族に一度きりだけですがお金がでます。原則として国民年金を3年以上納めていることが条件で、支払われる金額は納めた年数に応じて変わります。12万円から32万円です。もらえるのは配偶者や子ども、親というように優先順位が決まってます。亡くなってから2年以内に申請しないと時効となりもらえなくなるので注意してください。また、この死亡一時金と次に説明する寡婦年金のどちらの権利もあるという場合は、どちらかひとつだけ選択することになります。多くの場合は、次の寡婦年金の金額の方が多くなるでしょう。

では、**寡婦年金**とはどういうものでしょう。

これは**夫が第1号被保険者としてその直前まで国民年金を10年以上納めながら亡くなった場合**。その妻で10年以上、婚姻関係であること、夫に生計を維持されてきたことを条件に60歳から65歳までの間に出る年金です。金額は夫の老齢基礎年金の75％。ただし、夫がすでに老齢基礎年金を支給されていた場合はもらえません。また、妻が繰り上げ支給で60歳から65歳の間に自分の年金を前倒しでもらう場合にももらえません。ですから、寡婦年金がもらえる女性はくれぐれも自分の年金の前倒し（死ぬまでもらう金額が減ってしまいますし）などしないように気をつけてください。また、平成29年8月1日より前の死亡の場合には、国民年金を25年以上納めていることが必要となります。

もうひとつ。会社勤めの夫がとくに若くして不幸があり妻が未亡人になった場合に関係してくることなのですが、夫がいくら厚生年金の加入者であったとしても、働いてきた期間が短いと遺族厚生年金の金額も計算上は非常に少なくなってしまいます。そのため働いた期間が短い場合でも３００ヶ月は働いたと想定して計算してくれることになっています。

遺族年金は遺族がもらうもの。再婚すると遺族年金はもらえなくなる

さて、こうして支払われるようになった、遺族年金ですが、支払われなくなることがあります。それは、妻の年収が850万円以上の場合、そして、再婚です。たとえば、**再婚したら、前の夫の遺族厚生年金は支払われなくなります。**これは、籍を入れていない事実婚であったとしても同様です。その後、再度離婚をしたとしても、再婚前にもらっていた遺族年金が復活することはありません。

この場合、子どもがいれば、**遺族厚生年金に関しては権利は子どもに移ります。**ただし、再婚した母親と生計を同じくする場合には、子どもも遺族基礎年金はもらえなくなります。

多い例としては、元妻は新しい夫と生活を始めるが、子どもはついて行かず、祖父母によって養育されたというような場合です。この場合は、遺族基礎年金、遺族厚生年金の両方が子どもに支払われるということになります。

出産する女性の国民年金保険料は無料となる

女性は出産する時の国民年金は払わなくていいことになっています。払わなくても全額払ったことで計算してくれます。国民年金を払う、**第1号被保険者が出産した場合、4ヶ月分の国民年金の保険料を払わなくていいのです**。また、2人以上の赤ちゃんを同時に妊娠した場合は6ヶ月分が免除です。出産予定日の6ヶ月前から届け出ができます。届け出は市町村役場の国民年金担当窓口です。郵送での届け出も可能です。

遺族年金、老齢年金、障害年金。それぞれの年金制度について話してきました。あまり分からなかった人も、半年後や数年後に読み直していただければ、必ず分かっていただけます。そして、とても重要なこと。それは、**公的な制度の多くがそうなのですが、自ら手を挙げて手続きをして初めてもらえます**。だから、どういう制度があって、自分に資格があるのか、分からなければどこに相談したらいいのか、知っておくことが必要なのです。

7

年金の繰り上げ、繰り下げについて知っておこう

通常65歳からもらう年金の支給開始年齢を前倒ししたり、遅らせたりすることを、年金の繰り上げ、繰り下げといいます。つい先日までは、70歳までもらわないことができる年金でしたが、令和2年の国会で75歳までもらわないこともできるようになりました。65歳より前にもらい始めることを繰り上げ、65歳より後からもらうことを繰り下げと言います。60歳でなくても、61歳と半年からもらってもいいし、繰り下げは最短1年と決まっているので、66歳以降であれば、68歳と2ヶ月からもらっても67歳からもらってもいいことになります。繰り上げは、老齢基礎年金と老齢厚生年金を両方とも同時に繰り上げするか決める必要がありますが、**繰り下げは、老齢厚生年金だけ繰り下げる、老齢基礎年金だけ繰り下げる、両方とも繰り下げるの中から選べます。**そして、繰り下げを65歳の時に70歳までもらわないなどと決める必要はありません。年金は手続きをしないと支給になりませんから、そのまま放っておけば自然と繰

り下げになっていき、もらいたくなった時点で申し込めばいいというわけです。一度もらい始めると止めることはできません。そして、繰り上げすると、毎月もらう年金は一生涯に渡って減り、繰り下げすると、もらう年金は生涯増えたままです。どのくらい変わるのでしょうか。

繰り下げした場合、1ヶ月につき0・7％ずつ毎月もらう年金は増えます。たとえば、1年遅らせれば、0・7×12ヶ月＝8・4パーセント、毎回もらう年金が増えることになります。たとえば70歳まで繰り下げると、1回にもらう年金は42％増えることになります。ただし、遺族厚生年金をもらい始めたら繰り下げはできなくなります。

繰り上げをすると、老齢基礎年金と老齢厚生年金が一括で繰り上げになります。この場合は、年金が減っていきます。その減少率は1ヶ月につき0・4％です。たとえば、60歳からもらい始めれば、65歳でもらい始めるのと比べると24％少ない年金となるわけです。

この繰り上げ、繰り下げの話では、繰り上げ、繰り下げは何歳まで生きたら得になるのか、損になるのかという話がよくされます。

繰り上げでは、早くもらえるのですが減ったまま一生続くわけですし、繰り下げはもらうのは遅くなりますが、もらう金額は死ぬまで増えます。

ざっくり申し上げると60歳で年金を繰り上げ受給した人の支給される金額を合計すると、81歳より長生きすると、通常の65歳からもらい始める人の総額より少なくなります。70歳の繰り下げは82歳より長生きすると、65歳からもらうより得するということになります。

平均寿命だけ考えると、84・5歳の女性は繰り下げした方が得になり、81・4歳の男性はどちらもトントンといった感じでしょうか。

しかし、これらも今後の年金制度がどうなるかによって大きく変わることもありますから、一概に確定したことにはならないと思うのです。

さて、それから、今まで老後にもらえる公的年金の話として、老齢基礎年金と老齢厚生年金の話をしてきましたが、実は他にもあるのです。それは経過的加算というもので計算される年金や加給年金などです。これらは繰り下げをしても年金額が増えることはありません。

繰り下げ、繰り上げの話をした時に、平均寿命で考えると、男性はトントン、女性は繰り下げした方が得などと申し上げましたが、そんなに物事は単純ではありません。

たとえば、退職金や持ち家を売ったお金が手元にあり、当面の生活にはまったく困らないという場合を考えてみましょう。また、中には元気なうちは働くので現役並みの収入があるという人もいるでしょう。そういう人にとってみると、2021年現在の金利状況を考えると、今や年利0・7％で安定的に資産を増やせるものなどありません。それを考えると、まずは手元のお金を先に使い、年金は毎月もらえる金額を増やしてからもらうという選択もあると思います。

また、夫の年金は65歳からもらいながら、妻の年金だけ繰り下げするということも可能です。とくに妻名義でもらう年金がほとんど老齢基礎年金だけという場合は、将来、夫が逝去したあとのおひとり生活の経済的基盤が強固になります。ただし、妻が70歳になるまで年金の繰り下げをしたいと思っても、夫が逝去し遺族厚生年金が支払われるようになると、妻の年金の繰り下げはできなくなります。

遺族厚生年金のことを勉強された方は、夫の厚生年金の報酬比例部分を繰り下げにしておけば、遺族厚生年金も増えるのではないかと思われるかもしれませんが、それは間違いで、増えません。65歳の時の元の老齢厚生年金額で計算されます。

さらに、妻が老齢厚生年金部分を繰り下げていた場合、妻名義の老齢厚生年金の報酬比例部分は増えるわけですが、夫の死後にもらえる、遺族厚生年金部分はその分、支給停止になる部分が増えてしまいます。

いろんなことを考える必要がありますね。

ざっくり年金の貰い方について、まとめてみましょう。

手元にお金が多くある人は、繰り上げ支給までして、月々の年金を減らす必要はない。むしろ繰り下げ受給で月々もらえる年金を増やすことも考えてみる。とくに手元資金に余裕があり、もらえる年金のほとんどが基礎年金だけの人なら、長生きすることも考えて、基礎年金は繰り下げ支給で増やすことを考えてみましょう。

サラリーマンの妻が繰り下げ支給を選択するのなら、まずは基礎年金部分を考えましょう。報酬比例部分の厚生年金部分を繰り下げで増やしたとしても、その分、夫の死後に入る遺族厚生年金が減ってしまうことを考慮しておきましょう。

まあ、これらはなんとも言えないことなのです。なぜなら、人は何歳まで生きるのか分からない、妻が先に亡くなり、夫が残される場合もあるからです。

さらに、サラリーマンの妻が130万円の壁を超えて働くことについて、触れておきます。よく専業主婦の人は、自分で年金のお金（＝年金保険料）を払わなくてすむから社会保険料を払わずに済む年収、たとえば130万円を超えないようにして働くという人がいます。もちろん、現役時代に払う年金の保険料のことを考えるのは大切ですが、老後にもらう年金を増やすことも、もう少し考えた方がいいと思います。

まあ、人間何十年も先にもらうお金のことよりも、今月、来月のお給料から厚生年金の保険料で取られるお金のことを考えてしまうのは仕方ありません。しかし、世帯の核となる収入基盤を2つ持つことの意味合いについて、よくよく考えてみてください。現役時代に夫に万が一のことがあったとき、妻がパート収入だけ、あとは遺族年金に頼るよりも、妻がある程度の収入と遺族年金をもらうほうが、残された家族の生活の基盤は崩れません。

また、65歳から夫婦ともども年金をもらう時には、それぞれが相応の年金収入となり老後の生活基盤が強くなります。そして、離婚や制度の変更などもあるかもしれません。そのようなことまで想定すると、自分自身の年金を増やすことはやはり重要だと思うのです。

年金と老後のお金について、さらに知っておきたいいくつかのこと

■国民年金基金

主に国民年金の第1号被保険者向けの公的な年金制度です。自営業者などは、老後が老齢基礎年金だけでは少なく不安という人もいるでしょう。そこで、第1号被保険者で希望する人が、国民年金基金で老後にもらう年金額を増やそうというものです。国民年金基金は、国民年金と違って、**加入するときにいくら積み立てればいくらのお金が支給されるかが確定されること、65歳から死ぬまでお金が支給され続けること。**また、**現役時代の掛け金は全額社会保険料控除の対象**なので、現役時代にも支払う所得税などが安くなる大きなメリットがあります。収入が大きく変動した場合など、プランを見直すことも可能です。ただし、現役時代に困ったからとお金を引き出したりすることはできないので、普通の預貯金とは大きく違います。

■イデコの賢い利用方法

イデコとは個人型確定拠出年金のことで、２０１７年に制度が新しくなりました。老後に備えて自らのプランに基づいて、株式投資信託や債券などに投資していくものです。ただし、株式や債券は、元本割れの可能性もあります。リスクのあるものがほとんどですが、中には定期預金などリスクがほとんどない投資先を選ぶこともできます。また、会社員などのすでに厚生年金などに入っている人でも、加入することは可能です。これらも、全額社会保険料控除の対象となるので、たとえば年間所得が４００万円の人が、年40万円を定期預金にイデコを通して預けると所得税だけで８万円戻ってくる。若干の手数料はかかりますが、安全に安定的にコツコツ老後の準備をすることができます。老後のお金なので、すぐに引き出せないなどの制約はありますが、**超低金利時代に税金で確実に得することができる**ことは特筆されていいと思います。

■在職老齢年金

60歳以降で**年金をもらいながらも、会社員などとして働くことによって厚生年金を払いつづける人の年金**のこと。一定の収入以上になると支給される年金が停止になってしまうことに注意しましょう。ただし、その上限額が２０２０年に大きく改正され、60歳から64歳が年金と賃金の合計金額が月額28万円だったものが47万円に緩和されました。働いている間に支払った厚生年金の保険料は、仕事を1ヶ月以上辞めた後に再計算され支給される年金に反映されることになっています。

■加給年金と経過的加算額

加給年金とは、**厚生年金に20年以上入っていた65歳以上の人に生計を維持されている65歳未満の配偶者や子がいるときなどに加算される年金です**（昭和41年4月1日以前生まれの場合には、妻が65歳を迎えることによって加給年金が振替加算となることもあります）。

配偶者や2人目までの子ら1人につき、約22万5000円が毎年支給されます。

経過的加算額とは、年金額に反映される次のようなお金のこと。たとえば、高校を18歳で卒業して60歳まで働いた場合など、保険料を40年以上を払う人が出てしまいます。しかし、国民年金の年金は480ヶ月が満額。それより長く払った場合も満額以上支払われることはありません。そこで、**20歳未満で働いていた時や、60歳以降に第2号被保険者として働いたときなどは、経過的加算額として年金額に反映されること**になっています。

ここまで、みなさん読むのが、たいへんでしたか?

でも、思い出してみると、受験に合格したい、中間試験、期末試験でいい成績を取りたいと思ったら、悩んだり、祈ったり、お守りをもらうだけでは、ダメですね。勉強しなくちゃしょうがない。それは、老後のお金の話でも同じです。だから、少々面倒でも、きちんと自分の年金を見直してみましょう。

最後に、僕の言いたいことを箇条書きにしてまとめたいと思います。

①まずは公的年金制度でできるだけ満額もらえるように、きちんと加入し支払って将来の生活の基盤とする。将来の年金がどのくらいになるのか。数十年後のことまで正確に予測することは不可能でも、年金をめいいっぱい満額もらえるようにすることはできる。

②年金制度や社会保障制度のことをきちんと把握し、もらえるもの、利用できるものを徹底的に利用する。必要な手続きなどを忘れない。たとえば、年金保険料を払えない場合でも、制度の恩典をできるだけ受けられるように工夫する。

③将来、多少の経済変動が起きても、できるだけ困らないように生活スタイルを柔軟に変化できるような生き方をする。たとえば、食費は月に15万円かけることもできるが10万円、いや7万円でもやっていけるもの。7万円の食費でも楽しく健康的に生きていける柔軟性がある人なら困ることはない。

④現役時代の生活も楽しみながら、自分で作る老後の資金は、可能な限り少ないリスクで増やすように心がける。老後の資金を安全安心に作っていくのに必要なのは、投資や金融の知識よりもまずは税金や制度の仕組みを勉強することが先。

⑤一番大切なのは、健康で笑顔、幸せな気持ちで生きていくこと。それは、一日では得られないもの。だから、自分のまわりの環境を現役時代から丁寧に作り上げる。退職してから、新しく趣味や仲間、友だちづくりをするのはハードルが高いことが多い。失敗もある。だからこそ、若いうちからコツコツ丁寧に育てよう。

これら5つです。これらは、男女問わず言えることだと思います。

年金の不安はいつになったら解決されるのでしょうか？

年金は、みんなにとって、大きな関心ごとです。そして、それは政治ともどうしたって関係してくることです。

年金問題について、政治が大多数の国民が納得し将来を託せる制度を実現したら、きっと圧倒的な支持を集めることと思います。なぜなら、過去30年間、世論調査で国民が政治に望むトピックの中で、社会保障問題は、常に上位に位置づけながら、抜本的な改革が行われていないからです。とくに年金問題は国民1人1人にいつかやってくる老後と、その生活不安に直結する切実な問題。不安はじわりじわりと増していきます。自動的に年金支給額を減らすことができるマクロ経済スライド方式を導入しても、消費税を上げても不安はまったく減っていません。

野党はゼロベースで年金制度を改革する案を出していますが、現状で稼働している制度がある以上、急激な改革はむずかしいのが現実です。今の制度を少しずつ改良、変更しながら、時代に見合った年金制度に変えていくしかないと思うのです。抜本的な、ゼロベースの改革というのは、それこそ日本が財政破綻でも起こし、既存の制度がぺちゃんこになった時くらいしかできないと思うのです。

それでは、私たちの年金に対する不安や不満とはなんでしょう。それは、次のようなことではないかと思います。

・自分が老人になった時に、きちんと年金を払ってもらえるのか？

年金だけでは暮らせないとしても、せめて、年金を払うという約束はおおよそ守られるのかという不安。

・こんなに高い年金を40年間も払わなくてはいけないのか？

毎月の年金の掛け金が高くて払えない。日々の生活だけでも大変なのに、将来のためにとはいえ、高額の保険料を毎月払い続ける不満。

また、企業にとっても従業員の厚生年金の半額を会社が負担するのは経済的に耐えられないという声も少なくない。

・年金制度を維持するためという理由で、いつまで消費税は上がるのか？

老後の生活のためと言われると、増税も仕方がないと思い納得する人もいるものの、今まで消費税を何度上げても不安が大きく減ることはなかった。改革も安心もなく、年金が増税の理由にされている不満。

私たちの不安や不満はこの3点に凝縮できると思います。もちろん、他にもあげればきりがありません。

年金の制度そのものが分かりにくい、年金を株式市場でも運用するため、国民の年金を株価の買い支えに使っているという不満などもあります。

前述した厚生労働省にあるはずの個人1人1人の年金の記録が消えたことも大事件でした。これは「消えた年金問題」と名付けられた大事件となり、時の安倍首相は最後の1人まで解決すると豪語したのですが、それは空手形で10年以上経っても解決済みとはなっていません。これは、第一次安倍政権時代の事でしたが、当時はさらにこの消えた年金問題とともに、国会議員自ら国民年金を納めていないことが多数発覚し大問題にもなりました。

10

少子高齢化が進むのは、現役世代が豊かで幸せではないからです

年金問題は少子高齢化がその原因と言われます。もっと若い人が増えて年金などの社会保障の支え手がいれば、そんなに心配はないというのです。そこで政府は少子化対策を打ちますが、年金問題などの社会保障問題の解決のために、子どもを産め、もっと人口を増やせと言われても、ほどんどの国民は納得しないでしょう。

生物は種の保存のために、子孫を残そうとするものです。過酷な環境のため、生まれたものの多くが成長するまで生きられなければ、より多く産もうとします。太平洋戦争中も、産めよ増やせよがスローガンになりました。生物と同じようですね。考え方はそっくりです。国の社会保障制度が大変だ。担い手の子どもを産め。日本の産業が労働力不足だ。国力を保つために子どもを産め。時代錯誤でおかしな話です。

日本の国会で毎年何千万円もお金をもらっている議員の先生方に申し上げます。**子どもをもっと産んでほしいのなら、子どもを産みたくなるような国にしなさい。産め**

る国にしなさいということです。

いま若者や中年の現役世代の多くが経済的に追い込まれ、お金で日々苦労しています。とくに若い人は非正規労働に追い込まれ、給料は安く仕事はキツイ。家庭を持ち子どもを産むような状況でない人が多すぎます。**政治がなすべきことは、まず、日本で普通に生きる人が幸せに暮らせるようにすること**です。若い人、現役世代が、安心して幸せに暮らせる国ならば、自ずとこういう国に自分の子孫を残したいと多くの若者が思うようになるのではないでしょうか。少子化対策と称して、子どもを産めば金をやるというのは、ないよりはいいですが、それでは事態を大きく変えられません。

希望を持って勉強した若者が、奨学金返済で自己破産するような日本にしてしまった政治が、よく子どもを産めなどと言えたものだと思います。

私は、年金問題は日本では少子高齢化がこのまま進むという前提で、解決策を模索しないと現実的でないと思っています。

そして、今までのように国民年金の保険料をさらに値上げしたり、年金財政を支えるためにと消費税を上げていくのもやめた方がいい。限界ギリギリまで追い込まれた家計は耐えられません。また、将来もらう年金額を少しずつ減らしていくのも、生活が成り立たないシニア層を多く作り出してしまうだけで、ナンセンスです。

11

年金制度がいまだに磯野家（サザエさん）向けに設計されてることに対する素朴な疑問

日本の年金問題を深刻なものにしているのは、少子高齢化だけでなく、年金制度を時代の変化とともに適切に変えてこなかったことも大きな原因です。

日本の年金制度が固まったのは1960年前後。日本の多くの家庭がサザエさんの家のように3世代が同居する時代にできたものです。夫は終身雇用制、年功序列制度の正社員として働き、妻は専業主婦で家にいて家族の面倒をみるスタイルが当然だった頃のもの。それが2020年代まで続いている。そんな昭和中期のサザエさんのような家族や生活を前提にした制度では、現代の日本社会にマッチするはずがありません。

少子高齢化も、非正規社員が増え、結婚し家庭をもった女性が外で働くことが普通になったのも、急に起きたわけではありません。じわりじわりと変化していったのです。しかし、その変化を見過ごし、政治も役人も制度に手をつけなかった。

やってきたことは、少しずつみんなの年金の負担額を大きくすること、年金の支給を少しずつ遅らせることです。それ以外に手をつけない。しかし、そこにこそ年金問題の解決すべき病巣があると思うのです。

問題点はなんでしょうか？

まずは**世代間扶助の原則を見直す**ことです。世代間扶助とは若い世代が、お年寄り世代の面倒をみるというものです。若い人がお金を出して、老人がお金をもらうということです。みなさんも、かつては若者8人で老人1人の年金の面倒をみればよかったが、騎馬戦の4人に1人になり、近いうちに肩車、1人が1人の老人の面倒をみることになるという話を聞いたことがあるでしょう。現役世代1人が老人1人の面倒を見るということは、ざっくりいって、自分の収入の半分を老人のために負担するということです。

そんなことできるわけがありません。だから、本来は世代間扶助で成立するはずの年金制度に多額の税金を投入しているのです。保険料では支えられないので税金を投入するとなれば、**もう社会保険ではありません**。**社会福祉制度に近い**。

社会保険であれば、保険料を負担した人がそれに見合って支給を受けるということに納得がいきます。しかし、社会福祉制度なら、まずは困っている人を重点的に面倒をみる。余裕のある人には我慢してもらう。そのように年金の舵を切るべきなのです。

高齢者のために現役世代から豊かさを奪うのは、正しいことですか？

20世紀末の日本には独身貴族という言葉がありました。若い世代は経済的に余裕があり、たくさんお金を使って楽しんだ。今や若い人はけっして豊かではありません。それどころか、生活や奨学金の返済に追われている人ばかりです。正社員ではなく非正規やアルバイトで生計をなんとか支えている人も多いです。

つまり、現役＝経済的に余裕がある。老後＝経済的に余裕がないという、単純な図式で考えるのが非現実的なのです。老後の面倒は、世代を超えて面倒がみられる人に、それ相応の負担をしてもらう。もっとはっきり申し上げると、**経済的余裕のあるシニアには積極的に年金を支える側にまわってもらう**べきだと思うのです。

さらに収入に対してだけでなく、資産を多く持つ人にも負担してもらいましょう。

そして、年金に対する不安の減少にも手をつけるべきです。今や禁じ手とされてきたマクロ経済スライド方式が実際に稼働し始めた年金制度。これは、人口や物価、経済、財政の状況に応じて、老後に支払う年金の金額を減らすことができる制度です。私は、この制度を全面的に否定するものではありません。ただ、毎月25万円もらう人と、5万円しかもらってない人を同率で減らすのは間違っていると思うのです。

ここではベーシックインカム的な考え方で、たとえば、1人毎月10万円までの年金は一切減らさない。**マクロ経済スライドで年金を減らすのは高額の年金をもらっている人**で、それも、たとえば、10万円以上15万円までの部分と、15万円以上の部分では、減らす比率を後者の方を大きくする。そんな工夫が必要ではないかと思うのです。

引退して老後を迎えた後にもらう年金額まで、大きな格差をつける必要はないと思います。そして、多くの年金をもらう人とは、もともと高額の所得を得て、老後も豊かな資産を持っていることが大多数です。すでに十分に暮らしていける人たちです。その豊かな生活は、本人の努力や工夫もあったでしょうが、日本の社会、経済の仕組みがあってこそ、十分な資産を築くことができたのです。

日本社会あってこその豊かさなのです。ですから、その社会に貢献してもらおうというわけです。豊かな生活を送る老人には、年金は生活費というより小遣いです。そんな余裕のあるシニアには年金制度を支える側にまわってもらえばいいのです。

年収200万円の人も2000万円の人も国民年金の保険料は同じ。これっておかしくないですか？

次に年金を支払う側のことを考えてみたいと思います。いま年金を払う立場にある人はおおよそ6700万人。そのうち、第3号被保険者として年金の保険料を払っていない人が850万人もいます。また、第1号被保険者は1450万人。そのうち免除や一部免除などを受けている人が614万人もいます。つまり、6700万人のうち、4分の1の1450万人がお金を払っていない、払えない制度なのです。

さらに、払っている側でも、その保険料には納得いきません。とくに第1号被保険者が払う毎月の国民年金保険料です。前に出演した年金問題を考えるテレビ番組でこう申し上げました。国民年金の保険料が、年収200万の人も2000万円の人も同じだというのはどう考えてもおかしいです。こんな当たり前のことを経済の専門家のほとんど誰もが発言しない。私は不思議でたまらない。そして、この発言には大きな反響がありました。

まずは国民年金の保険料を今のような一律のままにするのはやめたほうがいいと思うのです。**年収が200万円の人と2000万円の人では払う保険料を変える必要があると思う**のです。それも、この本で何回か説明してきたように、今は国民年金の保険料はすべて所得控除の対象になるので、年度末の確定申告で払った保険料の一部が戻ってくるのですが、年収が高ければ高いほど戻ってくる税金が大きいので、実質負担で言えば、**今の国民年金制度は、所得が高ければ高いほど実質負担が少ない年金制度**になっているのです。これはどう考えてもおかしいです。次の項で詳しく述べます。

たとえば、年収200万円の人は毎月4000円、年収2000万円の人は毎月4万円といった具合に年収に応じた保険料にすれば、多くの人が無理なく入れる。そして、会社員と同じように必ず払わせる。マイナンバー制度は、逃げ得をすることを許さない公平な制度にするためにこそ積極的に活用すべきです。負担能力に応じた保険料にすれば免除や一部免除も必要なくなる人が大勢いるでしょう。さらに、社会保険料を控除の対象から外すべきだと思います。

これだけで、毎年何兆円、いやもっと多くの増収が国には入るでしょう。

14

国民年金は所得が高いと事実上の大幅値引きがある

おかしな税金の話。それは、社会保険料控除についてです。日本では年金保険料や健康保険料など公的な社会保険料を支払うと全額控除となります。つまり、所得税や住民税の負担が軽くなります。日本の所得税率は、195万円を超え330万円未満の部分には10%、それ以上で695万円までは20%、さらに900万円までは23%、1800万円までは33%となっています。

国民年金の保険料は、おおよそ毎月1万6000円。年間で19万2000円です。年度末の確定申告の時に、これらを申告すると、所得が300万円の人はその10%の1万9200円分の所得税が戻ってきます。

ですから、実質負担は19万2000円でなく、17万2800円です。それでは、1000万円の人はどうでしょう。所得税率が33%ですから、6万3360円戻ってくるのです。実質負担は12万8640円です。なんと**所得の高い人ほど、実質負担が**

安くなるという仕組みになっているのです。

年収100万円以下でも将来のことを考えて**歯を食いしばって年金を払っている人には割引は一切ありません**。この逆転現象はおかしくないでしょうか?

こういった社会保険料控除のシステムを廃止しただけで、国には年間3、4兆円の税収の増加が見込めます。このように税金の仕組みは直すべきことが山ほどあります。

最後に付け加えると、住民税もおかしなことになっています。国に払う所得税は、前述のように所得の高い人が高い税率で税金を払うということになっているのに、**住民税の所得割(所得に応じて支払う)は一律10%なのです**。所得の高い人がそれ相応の負担をするのが当たり前です。実は昭和の時代は、所得の高い人には高い税率で多く負担してもらうことになっていました。今は所得の高い人も低い人も同じ税率です。

所得の高い人を狙い撃ちして負担してもらうというわけではありません。頑張って働いたお金の多くを税金で持っていかれるのは気の毒だという人もいます。しかし、誰かが負担しなくてはならないのです。所得の低い人の生活はギリギリにまで追い込まれていてさらなる負担はできません。そして、日本の格差や貧困層の多さは先進国でも特筆されます。そう思うと、日本では所得の高い人、資産を持ってる人への課税負担が少なすぎると思うのです。税のことは次章でも取り上げます。

女性と社会にとって第３号被保険者制度は幸せな制度なのか

働く女性は多くなった。しかし、大半の女性はその能力を活かした仕事につけていません。とくに家庭に入った後で、再び社会に出ようとすると、単純な仕事ばかりが多く賃金も安いままです。低い日本の賃金でも、とくに安い給料しかもらっていない。これには、いろんな理由があるのですが、ひとつは女性にとって働きに出るのに大きな税制上の壁を政治が取り除かないことにあると思います。社会保険料と税制の壁です。

第３号被保険者は、所得が１３０（大会社の場合は１０６）万円を超えなければ社会保険料を払う必要はなく、１０３万円以下だと所得税がかかりません。この優遇を受けられる制度は多くの女性にとって有利に働いているのでしょうか。前述のように、社会保険料を収入に応じてなだらかに段階的に払っていく制度に改めれば、こうした壁は無意味になっていきます。そうすれば、もっと多くの女性がその能力を活かして高い年収を目指して社会でのびのびと働くのではないでしょうか。

ちなみに家事や専業主婦を否定するのもまったくおかしいです。家庭内の仕事は本当に大変で、それは外で働くのと同じように価値があり、もっと積極的に評価されていいと思います。外で収入のある夫が妻を食わせてやってる、という旧来の考え方をする人には辟易します。夫が妻を専業主婦とするならば、夫の収入の半分は妻のものだと、政治が公にきちんと宣言して、制度設計すべきです。

なぜなら、現在、離婚の時の財産分与では婚姻期間中に作った財産の半分を妻がもらうことが原則ですし、また、夫が将来もらう厚生年金の報酬比例部分の半分も婚姻期間中のものはたとえ離婚したとしても妻の年金となると法律も改められたからです。

そうすると、やはり今の第3号被保険者の制度は歪な制度です。夫婦共働きでそれぞれが保険料を納める夫婦がいると思いきや、夫婦の片方だけが働き年金を納める人がいて、払わない第3号の人の分は、制度全体で面倒をみる、しかし、第1号被保険者を夫に持つ妻は専業主婦で収入がまったくない場合でも、第1号被保険者です。つまり、国民年金を納める義務があります。**自営業者の妻は年金を納める義務があり、会社員の妻は納めなくていいという論理は成立しません。**第1号被保険者の夫で妻と自分の2人分の国民年金保険料を支払い、夫が2人分の税額控除を受けているケースも少なくありません。これらは、どう考えてもおかしいです。この歪な制度を維持するために、社会や企業はどれだけの負担をしているのでしょう。

さらに第3号被保険者の専業主婦の方に考えていただきたいのは、そこに固執するということは自分名義でもらう老後の年金が少なくなるということです。

すべての人が支払い能力に応じて保険料を払っていく。このような方向性で制度を改正すれば、年金収入はぐっと増えます。まず、先に記したように、第3号被保険者と第1号被保険者で免除など受けている人の合計1450万人が支払うようになる。さらに第1号被保険者も高収入の人には今まで以上に保険料を払ってもらう。私は、すでに社会保険というよりも社会福祉の側面が強くなった日本の年金制度はそうやって変えていくべきだと思います。

すでに高齢者向けの健康保険制度は負担能力に応じた改革がなされています。高齢になっても収入のある人には窓口負担を多く払ってもらう。今は現役並みの収入のある高齢者に負担をしてもらうという方向ですが、長年放置された所得格差は資産として蓄積されています。誰が社会を支える負担をするか、その視点に、資産も考慮に加えていっていいと思います。

16 それでも、がまんして年金制度にしがみついてほしい理由

年金に対して多くの不満や不安があることはよくわかります。

それでも、なんとかみなさんに年金制度にしがみついてもらいたいです。なぜなら年金は老後の生活の基本になるからです。そして、今の制度でも入っておいたほうが得だからです。今の年金制度に問題があるのは事実です。それらは、私たち国民が選挙を通して政治家に改革をしてもらうように促していくしかありません。

しがみついてくださいと申し上げたのは、主に第1号被保険者の人です。**自営業者やバイト、非正規、学生、フリーター、自由業などが入る国民年金**にです。会社員や役人と違い給料天引きでないために、払わないことも可能です。毎月の請求書を持ってコンビニに払いに行かなくても、銀行口座に残高がなく引き落とされなくても、電気やガスと違ってすぐに止まるわけではありません。

年に一度は国民年金の未納についての報道がされています。2018年度は32％だ

そうです。これをみて、国民の3割が払っていない年金制度などはもう崩壊していると勘違いする人もいます。しかし、3割というのは、本当に酷いミスリードなのです。なぜなら、ここでいう国民年金の未納の計算をする時の分母は第1号被保険者のみなのです。サラリーマンや公務員などの第2号被保険者や、そもそも年金を自らは払う必要のない第3号被保険者などを分母に入れていません。だから、国民の3割というのは大きな間違いです。第1号被保険者というのは全体の5分の1程度です。5分の1の3割なのです。これだと6%です。

そして、3割というのも実はほぼ間違いです。なぜなら、国民年金は請求から2年以内なら納めることができます。当初の支払期限通りには払ってない人の3分の1以上の人がこの2年以内に納めています。あとで払っているのです。ですから、最終的な、本当の未納者はさらに少ない。そこには、20歳になったばかりの大学生や専門学校などの学生、支払い義務が発生していることを知らないうっかり払い忘れの人も含まれてます。

ですから、本当の意味で**払わなくてはいけないのに払ってない社会人**ということで計算していくと、**国民全体の2、3%に過ぎないはずなのです。ほとんどの人は年金制度の枠内にいるのです。**

この本の読者は、「国民年金を払わなくてはいけないのに払ってない」というまわりくどい表現が何を意味するか、もうわかってると思います。

国民年金第1号被保険者は全体で1450万人くらいが対象ですが、年金の支払いで言えば、払っている人、払わなくてはいけないのに払ってない人、普通には払わなくていいとされている人の3つに分かれる。一部免除、全部免除といった人たちがいるからです。これらの人が600万人以上います。払うのが大変であれば、ぜひこの600万人の中に入っていただきたいです（詳しくは3章を参照）。

年金の問題はお金の問題です。日本経済全体の問題です。これから急に日本経済が毎年5％以上の成長を続ける黄金期がやってくるとは思えません。また、急に若者が今の2倍以上の子どもを産むとも思えません。

年金問題は放っておけば解決するものではありません。後の世代に押し付けるのも理不尽です。誰かが負担し、我慢してもらうことも必要です。不公平は少しずつ直していかなくてはいけません。

政治家は年金問題に手をつけるのを怖がってばかりです。多くの国民が納得のいく改革を政治家が推進してくれるように、私たち国民も年金のことについてもっと知り、発言していかなくてはいけないと思います。

経済評論家のひとりごと

5

死ぬのが怖い

私たちの、いやそれぞれの人生が終わること。死。それは、人生でもっとも大きなことです。多くの人が、いつか自分が死ぬことについて悩んでいると思うのです。

40代のころ、クロアチアを団体旅行した時に、大型バスのひとつ後ろの席に座っていた60代半ばの主婦がキャンデーをひとつくれて話しかけてきました。この人は友だちと参加していたのですが、40代の僕に対して、若くていいねというだけでなく、美しいクロアチアの自然や、青く輝くアドリア海を見ながら、「いつか死んだらもう永遠に見られない。ずーっとこの世の底に潜ってしまって出てこられない」と何回も言うのです。

南欧の美しい滝や湧水の公園の清々しさやドブロブニクの旧市街の石がローマ時代からの敷石だと聞いても、時の流れに恐れを感じ、自らの死がどんどん近づいてくることに関連づけてしまい、その恐怖を僕に語りました。まあ、僕がそんなことを聞いて、「そうですね、死んだらもうこの美しい街も自然も見られませんものね。今のうちですね」と、この女性に返事をするものだから、彼女は日頃の不安をどんどん僕にぶつけたのかもしれません。

その気持ちはよく分かります。みなさんも自らの死のことを考えたことがあるでしょう。僕が最初に死を意識したのは7歳くらいのこと。死んだら、見えない、聞こえない、話せない、考えられない。部屋の電気が親によって消された闇の中でそんなことを感じました。闇では何も見えないからでしょう。それが死のパーツだと感じたのです。ああ！と叫んで目がくっきりと冴え、寝ている母親の元に走り寄り起こして自らの恐怖を聞いてもらいました。怖くてたまらなかったのです。母は優しくいろんなことを話してくれたのですが、覚えているのは、たったひとつです。「まだそれはずーっと先のこと」ということです。

寝床に戻った私は恐怖に苛まれながらも、何回も自分に言い聞かせました。死ぬのは今の話じゃないんだ。ずーっとずーっと先のことだから心配しなくていいんだ。何回も、何回も呪文のように唱えているうちに幼い私は疲れて眠っていました。

そういう体験は何度も繰り返されます。大阪の堺市の新金岡という団地に住み小学校に通い始めたころ、堺東駅近くの小さなプロテスタントの教会に通うようにもなりました。土曜日の午後、バスに乗って通う。救いをキリスト教に求めたのです。

女性の牧師は、教会に通い神様を信じれば死後に天国で永遠の命を授けられると言います。私は一生懸命に賛美歌を歌い、母からもらった10円玉を献金袋に入れ、み言葉を覚えてカードをもらいました。しばらく通った後で、その牧師に尋ねたのです。

「本当に天国に行けますか？」

彼女は困った顔をし、明確な答えは返してくれませんでした。教会へは引っ越しするまでの2年ほど通いました。

あれから半世紀以上が経ちますが、私の死への恐怖はまったく減っていません。だから、観光バスで出会った女性の気持ちが痛いほどわかるのです。

モーツァルトの音楽を聞いても、こんな素晴らしい音楽を作曲したのに、最後は貧困の中で30代でこの天才は死んでしまったのだ。ゴッホの絵画に向き合えば、生きているうちは誰1人として彼の美術の素晴らしさを認めてくれなかったばかりか、友人のゴーギャンにまでそっぽを向かれた人生だったんだ。太宰治はどんな気持ちで自死したのだろう。死のことばかり考えます。

面白い映画を見ると、かつて日曜洋画劇場で解説をしていた映画評論家の淀川長治さんは、きっとこの映画を見たかっただろうと、これまた死と結びつけて考えてしまう。

美味しい食事をすれば、あと何回こんな美味しい食事ができるのだろうかとか、フランスのモン・サンミッシェルの観光地でも、自分はこの地に戻ってくることはあるのだろうか、という思いに浸る。日本の寺社仏閣、欧米の教会、美術、遺跡など観光で訪れる歴史的な場所からは必ずと言っていいほど、人が生きた証と死への葛藤を感じます。

戦争を心から憎むのは、国家の名の下に、自国の国民にまで死を押し付けるからです。長崎、広島、沖縄、千鳥ヶ淵、そして靖国神社でも、私は戦争を憎み、当時の国家指導者を呪い、鎮魂の祈りを捧げてきました。２０２０年の早春。鹿児島空港から屋久島に向かう飛行機の中で思ったのは、つい75年前は、あの半島の知覧からまだ10代の若者が死の旅に飛び立って行ったんだということです。アウシュビッツのナチス・ドイツの強制絶滅収容所には死の痕跡が山ほど残されています。とくに、ガス室の壁に山ほど残る爪痕は生命への渇望の思いを感じました。

ローマのバチカンにあるキリスト教の総本山、サン・ピエトロ大聖堂に何回か行きました。10年に一度くらいは行ってるでしょう。20代で出かけた時には壮大な建造物に驚きましたが、齢を重ね歴史を学ぶと、この聖堂は中世のヨーロッパ中の人々が死後の救いを求めて買わされた免罪符のお金を建設資金としたことを知り、ああ、人というものは、みな、死に怯えながら生きてきたんだと思いました。

クローン技術や生命工学、ｉＰＳ細胞での再生医療の技術のことを知ると、生きることと死ぬことの境目を考えてしまいます。

祖母が死に母や父が逝き、友人やお世話になった人、飲み屋の主人も向こうに行ってしまいました。私の死も幼いあの頃と比べると相当近づいてきています。私たちの命の時は、宇宙の誕生からの１３８億年の時間の流れの中ではほんの一瞬のきらめきでしかありません。死んでしまったら何もかもなくなる。虚無です。頑張って生きても仕方ない。そう思うこともありました。しかし、世の中を見まわすと、たった一度の人生なのだから、悔いのないように、きちんと生きていこうとする人の方が圧倒的に多いことに心を動かされました。

若い時に、ある友人が僕にこう言いました。「宗教っていうものは弱い人間のためにある。そして、人のそういう弱いところにつけこんで商売しているのが宗教なんだ」と。宗教を信じる人への施しの極みは死後の救済ですから、そう言った友人の気持ちがわからないわけではありません。しかし、私は宗教なんかまやかしだ、不要だというのは傲慢だと思うようになりました。今も宗教のいう天国や極楽が死んだ後にあるとは思っていません。しかし、宗教がなければ、私たちは穏やかに死を受け入れられないものだし、そして、真摯に生きているからこそ、人には弱さがあるものだと思うのです。

考えてみると死というものは生きているものにしかありません。死んだものには、死さえもない。生きているからこそ死があり、それが怖いのです。

不思議なことに、7歳のころにあれほど怖くてたまらなかった死が何十年も生きてくると、少しずつ受け入れられるようになってきました。死は生きているからこそある。自分の死というものは、その生命の中にすっぽり埋まっている。包まれているものなのだと感じるようになったのです。

クロアチアの旅で出会った女性とそれから10年近く経って再会することがありました。私が新宿のカルチャースクールで講師をしている時に聴講しに来てくれたのです。

講義の後に挨拶に来てくださり少し話しました。クロアチアではいろいろと悩んでいましたよねと申し上げると、こう言ったのです。

「正直いうと、今も死ぬのは、怖いの。でもね、ちょっと落ち着いた」

その言葉を聞いて思ったのです。この人も私と同じように、時間をかけて、生きている自分の命の中に死というものを包むことができるようになったんだろう、と。

第5章

私たちの未来を再び明るいものにするための、税制と民主主義について考える

なぜ家賃には消費税がかからないのか？消費税についての疑問と問題点

令和元年10月から消費税は10パーセントに引き上げられました。また、新たに軽減税率も導入されました。食料品や一部の新聞などが税率8パーセントのままに据え置かれ、外食などでもテイクアウトは軽減税率となりました。

消費税は平成元年に3％で導入されて、5％、8％、10％と引き上げられてきました。消費税を引き上げるたびに私たちは、社会保障を守るためという説明を受けてきました。超高齢化社会の年金や医療のために税金がより多く使われるのは仕方のないことかもしれません。しかし、すでに所得税や住民税を払ってやっと手にした毎月の所得から、物やサービスを購入する時に、さらに10％の税金を取られるのは本当に大変なことです。

どの家庭からも同じ10％の税金を払ってくださいというのが消費税です。分かりやすく言えば、12ヶ月働いてすでに所得税などを払った後に、さらに10％です。つまり、**働いたうち1・2ヶ月分。つまり、1ヶ月と1週間分は、消費税に持っていかれる**のです。しかし、それほど多くのお金を納める消費税についておかしなことが山ほどあると指摘しておかずにはいられません。

税金は公平、公正でなければならないと思うからです。

令和元年に消費税10%へ引き上げがされても、国民の社会保障に対する将来不安は増すばかりです。それでは、消費税を15%、20%に引き上げればいいのでしょうか。すでに普通の国民にとって限界です。だからこそ、今回の10%への引き上げの時に、食料品などの軽減税率が始まったのです。しかし、究極の軽減税率は消費税が始まった30年以上前からあるのをご存知でしょうか。

たとえば、アパートやマンションなど居住用の賃貸住宅の家賃には、消費税がかからない。0%です。**家賃は究極の軽減税率です。**ビジネスで使う商業用の賃貸物件などには消費税がかかりますし、月極め駐車場や、コインパーキングからも徴収されます。賃貸住宅の消費税がゼロということは都会の高級賃貸住宅のように、**毎月の家賃が50万どころか100万円を超すものでも、無税**なのです。

高級マンションの中には居住者用のジムが併設されている物件があります。家賃にジム使用料が含まれているとジムも無税です。タウンハウスに、駐車場付き賃貸住宅の駐車場も同じです。家賃に含まれていると税金がかからない。

先に書いたように事業者向けの賃貸物件には税金がかかります。たとえば、月の家賃が10万円程度の小規模事業者向けの賃貸物件にも消費税はかかる。

個人向けの居住でも、ウィークリーマンションやリゾートマンションには消費税がかかる。もちろん、ホテルや旅館に定住している場合でも税金がかかる。つまり、１泊２０００円の安宿には税金がかかり、毎月の家賃が１００万円を超える高級ジムと駐車場付きマンションは消費税ゼロなのです。私は不公平に思います。

同じ住まいでもマイホームはどうでしょう。**個人がマイホームを持とうとすると、建物には消費税がしっかり10％かかります。** 30年以上の住宅ローンを払い、不動産取引税と毎月の固定資産税なども払う上に、建築費用には消費税がかかるのです。もちろん、不動産屋さんの仲介手数料にも10％の消費税が必要です。

持ち家派が不当に扱われるというか、高級賃貸マンションの消費税が無税なのはどうしても納得がいかないです。たとえば、月の家賃が20万円までは無税、それ以上は10％の消費税を支払うといったことは簡単にできるはずなのです。

家賃は無税で、電気代、ガス代、水道代など人が生きていくのに必要なインフラには10％の税金がかかるのもおかしい話です。

薬局で買う薬は10％で、薬局で貰う7割引の薬には0％という消費税

重要な医療費をめぐる消費税でも納得のいかないことがあります。通常の保険医療には消費税がかかりません。ところが、ドラッグストアに行き、**薬を買えば、10％の消費税がかかります。**

非正規など時給ベースで働く人は仕事を休めばすぐに収入に直結します。そのため多少のことなら、自分でドラッグストアに行き、薬剤師などに症状を話して相談して薬を買うことも多い。今は風邪薬だけでなくいろんな薬が街のドラッグストアで買えるようになりました。しかし、こうした薬にはしっかり10％の消費税がかかります。

同じ薬であっても、**医療機関で出してもらった処方箋に基づく薬には税金はかかりません。**さらに、ドラッグストアで購入する薬と違って処方箋のお薬は、医療費の一部となるので、多くの場合は保険点数に基づいていて薬の本人負担は3割でしかない。つまり、処方箋による薬は7割引の価格で買える上に消費税も免除される。ダブルで負担を軽くしてもらっていることになります。

さらに、最近人気のサプリメント。私たち、消費者は健康維持のため薬のようなものとして買うことも多いですが、こちらは食品扱いで消費税は８％。それが、ドラッグストアで購入する、かぜ薬や胃腸薬、痛み止めは10%の消費税です。

国は増え続ける医療費の削減に必死です。それなのに、**個人が医療機関を受けないで病気を治そうとする行為には税金や社会保険の恩恵がまったくないのです**。また、病気にならないように、もしくは早期発見しようと出向く人間ドックには10%の消費税がかかりますし、原則として医療費控除の対象でもありません。

年末には5万円、６万円といったおせち料理が発売されます。軽減税率です。ファミレスや牛丼チェーンで４００円の食事をすると10%の消費税がかかり、１００グラム２０００円の高級牛肉は８％というのもおかしな感じです。

私は食料品に対する軽減税率に加えて、**水道料金、ガス代、電気代、通信費、電車やバスなどの公共料金こそ、軽減税率の対象に**してもよかったのではないかと思うのです。教育費についても考え直すべきことがありそうですね。

また地方の人にとっては生活に欠かせないガソリンは今までも二重課税です。

いまの消費税は多くの問題が積み残しのままなのです。

昭和とともに終わった、まともな消費税制度

かつての日本には公平な消費税が行われていた時代があったのをご存知ですか。

それは、今の消費税制度が導入するのに合わせて廃止されました。昭和とともに終わった**物品税**といわれるものです。これは、特定の商品やサービスだけに課税されていたものでした。**高級で高額な不要不急の商品やサービスにだけ課税される消費税**です。今なら、300万円以上の自家用車、10万円以上のカバン、1本3万円のワイン、2万円の香水、50インチ以上のテレビといったものに課税される。それらに15%や20%という高率の税金をかけたのです。高額のぜいたくな商品を買う経済力がある人たちにはそれなりに税金を払ってもらうというわけです。

他にも豪華な外食や高いホテルなどの宿泊にも税金がかかりました。今なら1人3万円以上の外食、1泊2万円以上の宿泊をするときに税金が特別にかかる。

ヨーロッパは消費税が高いことで有名ですが、生活していくのに必要なものには税金がかからないことも多い。日本で導入するなら、米、食パン、塩、しょうゆ、野菜、肉（ただし、ブランド豚やA4以上の牛肉は除く）、魚などの食品は無税でしょう。

今後も消費税を上げるのでしょうか。それに、消費者は耐えられるのでしょうか。むしろ、消費税は一律5％くらいに引き下げて、高級品などには別に物品税をかけるという方法にしていくのも、ひとつの方法かもしれません。

高齢世帯（世帯主が65歳以上の2人以上の世帯）の平均的な金融資産は2000万円程度です。金融資産なので不動産は含まれていません。ところが、65歳以上は不動産を所有している人が多いのも事実です。つまり、5000万円程度の資産を持っている人は少なくありません。また、同じ高齢者といっても、金融資産がまったくない人が3割程いる。これは何を意味するかというと、高齢者の勝ち組、負け組もはっきりしているのです。さらに、勝ち組は多くの年金をもらい、負け組の多くは公的年金も少ないのが実情です。おかしいです。

たとえば、不動産などにかかる固定資産税などで放置された課題もあります。不動産を所有していると、毎年固定資産税を支払わなくてはなりません。これは、3年に一度見直される不動産への評価額に基づいて年に1・4％の固定資産税を払うのが原則です。これは、ざっくりいうと実勢価格の1%くらいです。ところが、1980年代後半からのバブル期に不動産価格が跳ね上がり、それを反映した税金にすると負担できない人が大勢出てしまうと不満が高まり、**固定資産税の割引**が始まります。小規模宅地に関する固定資産税の減税措置です。どのくらい割引されているかご存知ですか？ **なんと6分の1に割引**されているのです。

日本は国土の8割が山林で、人が暮らすための住宅地が少ない。その住宅地で、今や空き家が全体の約20%、東京23区でも10%以上が空き家の地区が山ほどあります。これほどの空き家が出るのは、実は、この異様な固定資産税の割引が原因のひとつだと思っています。使ってなくても小規模宅地で住宅が建っていれば、固定資産税は割引かれる。もし固定資産税が負担なら使わない住宅は売りに出るでしょう。すると、需給の関係で、多くの人が安くていい住宅に住めるようになる。これは賃貸住宅の家賃にも影響します。もちろん税収も増える。

住宅が無理なく多くの人に渡れば、山すそギリギリまで住宅を建てたり、駅から遠く不便なところに住まなくてもすむようにもなるとも思うのです。

日本は収入には税金がかかりますが、資産にはほとんど税金がかからない。このアンバランスさの是正も必要だと思うのです。

困っている人を無視しない。それは、自分や子どもたちの未来を守るためなのです

現代の民主主義国家においての政治の役割は、所得の再分配とマーケットメカニズムになじまない公共政策を推し進めることです。

ちょっと言い方がむずかしいですね。

公正なルールのないまま自由競争を放置すると勝ち組、負け組の格差が大きくなりすぎる。それは、経済の健全な発展や社会の安定にもよくありません。お金を山ほど稼げた人も、それは個人の能力もあるでしょうが、まわりの人々や日本社会があってこその結果でもあるのです。ですから、すごくお金を儲けて余裕のある人から多く税金をもらって、困っている人、普通の人が助かる政策を実施するべきです。

また、治安や防衛、国土保全、災害対策、環境などは放っておけばよくなるものではありません。食品や衣料などと違って、人々が買ってくれるものでもない。でも、公共のためには、とても大切です。そこで、税金でそれらを整備する。

どのような社会の方向性やルールがいいのかを決め、どのようにみんなから税金を集め使っていくか。これらを検討し考えるのが政治の役割です。私たちは、どの政党に政治の主導権を握ってほしいのか、政治家が不正や汚職をしない、暴走をしないように監視してほしいのか。じっくり考えなければいけません。

たとえば、与党の政治に基本的には賛成だと思っていても、時に傲慢な政治、暴走、不正や汚職をしないように野党の監視が必要だと思ったら、敢えて反対政党に投票するのは賢い投票行動です。

なぜ、このようなことを申し上げるかというと、明治維新ののち、日本で普通選挙が始まったのは今からほぼ１００年前の１９２５年です。しかし、その下で太平洋戦争となり、沖縄戦、長崎と広島の原爆投下だけでなく、日本の各地で悲惨な空襲を受け、人々は自由のない過酷な国民生活を強いられたのです。そして、多くの若者が戦場で命を落としました。その数３１０万人。その９割が、敗戦がほぼ確実となった最後の１年、１９４４年以降に死んでいるのです。権力は国民の命をそれほど軽んじることがあるのです。

戦後の日本はアジアの憧れとなりました。平和で経済発展し、民主的な政治があり、欧米の先進国に割って入った。多くの国民が幸せになった。日本がそんな憧れの国であり続けるために、私たちの世の中を生きていく上でのルールを決め、さまざまな歪みを正して、未来の国民と国が繁栄するような政治を政治家にしてもらう。**私たちが一生懸命働いた大切なお金から納めた税金で、いい社会を実現するための政策を実現してもらう。**

そうなるか、ならないかは、私たちが政治とどう向き合うかで決まるのです。

政治の方向性は正しいか、公正公平にしてくれているか、私たちは普段から政治を見つめ、与えられた選択肢のうちでよりよい方向性に導くように投票していくことが必要です。政治はむずかしい、任せておけばいい。そういう風潮があります。この本を読んでくださる読者のみなさんには、政策を見極める能力を持ってほしいです。なぜなら、放っておくことは、政治が民主主義をないがしろにし、自由や人権というものを踏みにじり、時には国家が戦争に突き進み、そのために大切な自分や子どものたったひとつの命を差し出すことにもつながり得ることだからです。

国民は見ている。国民に判断されている。

そういう緊張感を政治家に持ってもらわなくてはならないのです。

あなたが民主主義や自由のために今日からできること

法律や憲法というものは、あくまで文章です。そこに法律さえあれば自ずと実現し守られるわけではありません。法律や憲法をきちんと守り、運用していこうという決意が多くの国民にあり、権力を持つものの行為を監視していかないと、あっという間に絵に描いた餅のようになってしまうものなのです。

日本の福祉や社会保障の原点、目標。日本国憲法25条にはこう書いてあります。

第1項「すべて国民は、健康で文化的な最低限度の生活を営む権利を有する」

第2項「国は、すべての生活部面について、社会福祉、社会保障及び公衆衛生の向上及び増進に努めなければならない」

国が生活部面の増進にきちんと努めているかどうか、時には裁判で争われることもありますが、国民の世論もとても大切です。国民がそういった社会は大切で、実現するためには国には積極的であってほしいと望み、それが選挙に反映されれば、そういう方向性で国というものは変わっていくものだからです。

すでに20年近くもほぼ放置されている貧困や格差の問題はどうすべきでしょう。個人の努力に任せるべきでしょうか。政治が動くべきでしょうか。そのためには、どういう候補者に投票するのがよいのか、それを考えることはとても大切です。

自分の生活がそこそこ大丈夫だから、今はなんとかなっているから、あまり考えないという人がいます。そう思えるのは、いつか、何らかのきっかけで、自分がそのただ中に放り込まれるかもしれない、そのような想像力がないからです。

困った人に手を差しのべよう、助けよう、放っておかない政治の仕組みを作るということは、自分や自分の子どもたち、友人たちがそうなった時に救済される社会のシステムを作ることなのです。**今は誰もが誠実に働き、努力をしていても貧困や弱者の立場に追い込まれることがある時代です。**もちろん社会問題の解決のために個人や団体のボランティアの力も大切ですが、国がすべきことを放置していいわけではない。

私たちの日々の生活に、政治は直接関係あるのです。自分やまわりもいざという時に助けてもらう、その実現のため政治にも関心をもってもらいたいのです。

住みよい日本を実現する政治にするために。日本の投票率が低いわけ

ここまでで、社会保障と税制の問題を中心に日本の問題を論じてきました。どのような方向で改善すべきかも語りました。それを実現するにはどうしたらいいでしょうか。僕は変えられるのは、政治しかないと思います。日本ではその政治が機能していないように思うのです。選挙制度に問題点や課題が多くあるように思うのです。

テレビ朝日の名物番組「朝まで生テレビ！」はかつてはパネリストだけでなく、100人ほどの一般視聴者の観覧者を入れパネリストをぐるりと囲む公開生放送番組でした。僕はパネリストで何回か出演させてもらいましたが、実は放送業界に入るまえに、この一般視聴者の1人として討論を現場で観覧し何回か発言させてもらったこともあるのです。パネリストだけでなく一般視聴者としても番組に参加したことがあるのは、僕だけだ、と思ってます。どうでもいいことかもしれませんけど。

最初に発言させてもらったのが、政治に金がかかりすぎるため汚職や買収などが強く批判され政治改革が必要だと言われた1990年ごろです。政治改革はいつの間にか選挙制度改革論議とすり替えられていき、日本の選挙制度はひとつの選挙区から1人の当選者しか出さない小選挙区が中心となりました。小選挙区なら金がかからないから汚職や買収も減るとの論理でした。僕はまったく反対だと思っていました。買収や戸別訪問、**利益誘導などをしようと思うのなら、有権者が10万人の選挙区より3万人のところの方が圧倒的にしやすい**と思ったからです。

その論議が盛んなころに、選挙制度改革をすることが政治改革、政治の浄化に繋がるとは思えないと、「朝生」で手を上げて発言させてもらった。番組全体が選挙制度改革こそが大切という流れだったので、僕の発言に何を馬鹿なことを言うのかという空気が広がったのですが、亡くなった評論家のNさんだけが、君のいう通りだと賛同してくれた。僕は30歳になったばかりでブルブル震えながら発言したのです。でも僕の指摘が当たっていたと、いまなら、多くの人が賛同してくれるでしょう。

小選挙区になっても汚職や買収は減りません。それどころかより巧妙になってきている。そして、政治家の腐敗よりもっと深刻なのが、小選挙区制度が中心になってから、国民の政治への関心がますます薄れてしまったことです。投票率はどんどん低くなるばかりです。今や支持政党なしの人ばかりです。投票率が下がる理由は明らかです。政治も選挙も面白くなくなったからだと思うのです。

今は政党のトップが圧倒的な権力を握ることが多くなり、国会議員は同じ政党の上層部に右へならえになってしまった。党内での活発な論議はなくなり**政策の決定プロセスが、国民に見えないところで決まっていく**ようになりました。そして政治家が自分独自の意見を表明しないことが多くなった。候補者から個性が失われていったのです。党本部の公約のコピーのような演説をする人ばかりが増えてしまいました。

ちなみに小選挙区制度は、政治改革とともに米英のような2大政党制を日本でも根付かせようとしたもので、政権が入れ替わる政治にすべきだという考えもありました。しかし、すでに30年近くたっても、中選挙区制時代に比べて政党の数は多く、離合集散を繰り返すばかりで、政治改革も2大政党制も実現できていません。

昭和の政治は面白かったです。もともとかつての2大保守政党の自由党と民主党が合流してできた自由民主党には権力だけでなく常に政策の争いがありました。政治の中枢でどういう議論があり、何が起こっているかが今よりも透明度が高くメディアも積極的に報道しました。お茶の間にも永田町で起きていることが相当伝えられたのです。それは、リアリティ番組のようであり、人間ドラマでもありました。

本当に起きていることだから、ドラマの半沢直樹より面白い。政界での権力抗争は表沙汰になり、派閥間、いや派閥内部でも常に緊張状態があった。裏取引、裏切り、寝返り、同盟、妥協、下克上、政治生命をかけての戦い。なんでもあった。与党だけでなく、野党や組合、団体、メディアも巻き込み、うねるように政治が動いていた。

70年代に東京や大阪、京都、福岡、北海道が、次々と野党勢力が知事となり、国よりも2歩進んだ福祉政策を採用した。環境問題や教育にも対応した。今から考えるとばらまき福祉で財政が厳しくなるなど問題もありましたが、地方政治を野党勢力に奪われた自民党は焦り、その政策を国レベルに格上げして、野党の政策を飲み込んでしまう。そうしないと、総選挙で野党が大幅に議席を伸ばしてしまう危機感があったからです。

こうした、張り詰めた状況こそが、日本の政治と経済を磨き、経済成長だけでなく、国民の生活や福祉の向上にも貢献した。何よりも活発な議論と、政策決定のプロセスが国民に見え、メディアも権力から一定の距離を保ちながら報道したのです。民主主義がとてもよく機能していたのです。

中選挙区時代には、無党派層も政治に無関心な人も少なかった

今のような小選挙区制度になるまでは、政権選択の衆議院の総選挙でさえひとつの選挙区から複数の当選者が出る中選挙区でした。多くの選挙区で3人当選する。中には5人も当選するところもありました。だから、多くの選挙区で自民党から複数の候補が出て競り合った。与党対野党という単純な選択ではない。与党の中でもどの候補がいいか、有権者が選べたのです。野党も中道から左派までいろんな政党があり多くの候補から選択が可能だったのです。そして、候補者は自らを際立たせるために、活発な論議を起こしたものです。

与党では選挙が終われば総理大臣を決める首班指名を得るために、派閥間で権力の激しいせめぎあいがありました。前述したように汚職も買収も裏切りもあったのですが、それらも国民にとって受け入れがたいほどになれば、与党の支持率は下がり次の選挙では野党の議席が増えるというシステムが機能した。与党は野党の主張にも配慮して、話し合い歩み寄り譲り合って政策の落とし所を探った。こうして多くの国民が受け入れられるところで物事が落ち着いたのです。

今の自民党は党本部の言いなりの議員ばかりになってしまいました。それは、1人しか立候補できない小選挙区への公認権を持っているのが党本部だからです。党本部に逆らうと党公認の候補者になれない。多くの政治家が内閣中枢を向いてばかりになるのは仕方のないことです。中選挙区制時代の自民党は多くの異なる意見を持つ政治家が話し合いながら政治を決めていました。そして、自民党の中で事実上の政権交代が行われていた。だから、政治の継続性があるので安定感が抜群だったのです。内閣には異なる考え方をする派閥の人も入れて意見を十分に聞いた、異なる考え方に配慮したのです。こうして、真っ当な民主主義が実現できていたのです。

こうした政治の面白さは選挙と結びつき投票率も今よりずっと高かった。劇場型の政治と批判する人も多いのですが、**政治は不透明でつまらないものより、面白く多くの国民に興味を持ってもらい参加してもらう方がいいと思うのです。**

つい10年ほど前の選挙を思い出してください。自民党の不祥事が続き、野党がマニフェストを持ち出し総選挙になった時や、小泉純一郎首相が自ら、自民党をぶっ壊すと刺客を送り込んだ郵政選挙の時にも国全体が大いに盛り上がりました。この2回の総選挙の時は投票率も67%に69%。現在の50%前後の投票率とはまったく違います。

政治評論家はそれを「風」と言いますが、要は国民が政治家がガチンコに戦う政治情勢を面白がり、そこにこの国と自分たちの行く末を託したからに他ならないのです。

最強最長の第二次安倍政権の時には、投票率は60%を切り、その2回の総選挙では安倍自民党が勝利しましたが、どちらも投票率は50%を少し上まわるだけでした。2017年の総選挙の時には、希望の党設立の騒動から立憲民主党ができて話題に事欠かない選挙ではあったものの、投票率は上がらないまま。今は支持政党なし、無党派層が最大の勢力です。そして、支持政党なし層は選挙制度放棄層になってしまいました。選挙を放棄する人が常に5割近くいる、異常事態が続いているのです。今の投票方法はかつてと比べると非常にゆるい。投票日以外でも1週間以上前から午後8時まで投票所が設置され気軽に投票できるようになりました。それでも、投票率はほとんど上がらないままです。**私は選挙制度放棄層が、民主主義に対して少し絶望しているのではないかと危惧しています。**

支持政党なしの有権者に政党を選べという日本の選挙

衆議院議員を選ぶ総選挙は、執行部のいいなりになる与党候補か野党候補のどちらかを選ぶ小選挙区と、原則として政党名を書く比例区選挙です。そして、日本の有権者の大半は支持政党なし、無党派層です。

支持政党なしということは、いまのどの政党にも期待していないということです。それなのに、選挙制度はいまだに政党を選んで投票しろというものが大半です。そして、支持政党なしの人たちは政治というものを知っているのです。政党の主張や方向性も、世の中の流れやそこに集う政治家たちで変化していくもの。だからこそ、政策だけでなく政治家本人をじっくり見たいと思ってるのです。

また、与党の候補がいいけれど、もう少しリベラルな候補がいいなあと思ったり、野党でももう少し中道寄りがいいなあと思っても候補者がいない。もう少し若い人がいい、女性の候補者に出てほしい、そう思っても投票したい候補者がチョイスの中にいないのです。街頭演説も少なく候補者の主張は党本部の作ったコピーのようなものばかりです。支持政党なしの無党派層ががっかりするのは当たり前ではないでしょうか。

世論調査で毎月行われる内閣支持率調査。あなたがこの内閣を支持する理由はなんですか？　と聞かれて、多くの場合で、支持政党の党首だからというものだけでなく、人柄がよさそうだから、信頼できそうだからというものが上位にくることも多い。有権者は政治に興味がなさそうで、本質をついているのです。今の政治は貧困格差の問題や、原発などのエネルギー問題、憲法や安全保障などで対立する課題はもちろんあります。しかし、それでも昭和の時代から比べると本質的な対立軸は減りました。天皇制を完全否定したり、自衛隊を廃止しろ、日米安保条約をすぐに破棄しろという政党はなくなった。環境問題はすべての政党が大切だと思っているし、日本の農業をもっと守らないといけないとも考えている。

そして、どのような政治を行うにしても、嘘や汚職をする政治にうんざりしているのです。前の安倍内閣では、公文書の偽造、改竄（かいざん）、破棄が次々と露わになりました。公務員が率先して行ったとはとても思えません。そこに何らかの政治家への忖度や圧力があったと思うのが普通です。そんなことを公務員にさせる政治は何か根本的な問題があるはずなのです。多くの国民が国会議員としてあるまじき行動、誠実さに欠ける行動が多すぎてがっかりしているのです。だから、人柄を重要視するのです。

だいたいいくら自分と考えが同じような政治主張をした候補者でも、選挙の時に唱えるだけで情熱を持ってそれを推し進めようとしてくれないのであれば、絵に描いた餅です。政治に誠実と情熱を保ちつつ行動してくれるかどうかが大切で、それは政治家本人の人柄が大切なのです。

国政選挙の投票率が50%前後だったり、最近は大切な地方の首長選挙の投票率が30%前後、地方議会選挙では無投票ということも少なくない。それは、日本が民主主義の機能不全に陥っていることを意味しているのです。有権者の投票で代表を決めていく。よくない政治家であれば、次の選挙では当選させない。これこそ、民主主義制度の根幹です。それが機能不全に陥っている。

一番の問題は、与野党共々に、**投票したい候補者が立候補していない**ことです。親が引退した選挙区を引き継ぐ、労働組合や市民運動、宗教団体などからの候補者、テレビなどで顔がしれた著名人、政治家の元秘書、候補者の引退で席が空いたから立候補できた地方議会からの昇進組。党本部の言いなりの候補者。国民のことを本当に考えているのか疑わしい、野心満々、権力欲だけが臭う候補者、そんなのばかりです。無党派層はそんな候補者に投票したいと思わないのです。

この30年以上、政党支持率で最も高いのは、常に「支持政党なし」無党派です。選挙はこの無党派の支持をどれだけ取り付けるかで決まるのに、ほぼすべての政党が無党派を向いていないのです。選挙の時に与党は野党の、野党は与党の批判をして、その批判票を自分の党に取り込もうとしているだけです。とくに政党支持率が15％に届く政党がひとつもない野党が1人しか当選できない小選挙区で勝ちたいのなら、党のお抱え候補でなく、勝てる候補を出さなくては話になりません。団体出身というだけで勝てる時代ではないのです。選挙区調整が行われても、政党の思惑の中で決まっていくことばかり。うんざりです。有権者に支持される投票したい候補者、勝てる候補を野党は出さないのです。勝てる候補は誰が知ってるのでしょうか？　それは投票権を持ってる有権者自身のはずなのです。

候補者を政党本部でなく、有権者に決めさせる「予備選挙制度」で日本の政治に活力を

私は、今のままの小選挙区制度を続けるのであれば、**日本でも予備選挙を導入したらどうか**と考えています。予備選挙とは本選挙に臨む候補者を選ぶ選挙です。アメリカの選挙の多くで導入されているのでご存知の方も多いでしょう。その代表がアメリカ大統領選挙です。民主党も共和党も、大統領候補は党本部の偉い人、権力者が決めるわけではありません。各々多くの候補者が出て、自分こそ、民主党の大統領候補にふさわしい、共和党の大統領候補にふさわしいと名乗りをあげ、各地で多くの予備選挙を重ねてじっくり選んでいくのです。

大統領選挙だけでなく、多くの選挙で複数の候補が立ち、予備選挙を行い、その勝者が本選挙に臨むのです。今の日本のように、各党の党本部が候補者を選ぶのではなく、候補者自体を各政党を支持する有権者が選ぶ。候補者の話を聞き、実際に会って、いろんな政治課題を討論してもらい、党の候補というよりも自分たちの候補として選んでいく。私は、この予備選挙制度を日本でも採用したらどうかと思っています。無党派層も巻き込んで自分たちで選んだ候補を、自ら選挙運動に参加して、自分たちの候補として国会や地方議会に送り出すのです。

たとえば、野党統一候補として選挙に出たい人を公募。もちろん、各政党の都道府県党本部の推薦があっても労働組合の代表が出てもいいのです。自由に手を上げてもらい票の掘り起こしをしてもらう。自由闊達に討論会で直接議論を戦わせてもらう。それは、今の短い選挙期間中の名前の連呼やつまらないテレビの政見放送とは違います。**憲法や外交防衛問題から、社会保障、雇用、子育て、教育、環境、エネルギー、地域の活性化など、いろんな問題について細かく議論を戦わせてもらう。**そういうプロセスの中でじっくり有権者に向き合ってもらい、候補者の考えを伝え人柄もわかってもらう。すると、候補者になりたい人は、自らの言葉で自らの考えを述べるようになっていきます。多くの有権者と出会い、何が問題なのかも分かる。だから、有権者を向いて語りかけるようにもなる。有権者の心と知性に響く人でないと候補者になれないのです。もしも、どの候補も過半数の支持を集められなければ、2人で決選投票も行えばいいのです。そうやって、党本部が決めた候補者でなく、**有権者が決めた勝てる候補者で選挙を戦ってもらいたい**ものです。

知名度は低く、実績の乏しい新人の候補だとしても、予備選挙の中で考えや弁舌は磨かれ知名度が上がれば、草の根的な応援体制も出来上がっていくでしょう。公明正大なプロセスの中で生まれた候補なら無党派を含めた多くの有権者が自らの候補として応援もするでしょう。こうして選挙が身近になり興味がわき面白くなれば、選挙運動に参加し選挙資金を寄付する個人ももっと出てくるでしょう。

アメリカの選挙は盛り上がることが多い。同じ小選挙区制度なのに日本と大きな差があります。そこに絶望感は少ない。それは予備選挙で選ばれた自分たちの候補者が競うからです。大統領選挙でさえ、バーニー・サンダースやドナルド・トランプといった、党本部から考えると困り者の候補者が出てきて有権者の支持を集め、ついには大統領になったり、台風の目になったりする。そして、その公約は確実に国の政治に影響を与えるのです。

今でも組織を超えた支持母体、勝手連的な動きを得た候補者は概して強いものです。それは有権者が当選させたい候補者だからです。予備選挙を行えば、常に有権者が当選させたい人が候補になるのです。だから強いのは当たり前なのです。予備選挙で選出された候補者は強いとなると、与野党含めて多くの選挙で予備選挙を行うようになっていくでしょう。

こうして生まれた議員は党からの独立性も強くなる。党議拘束で縛ることもむずかしくなります。各議員は単に党本部の方針に従って法案の採決に参加する投票マシーンでなくなります。とくに重要法案は与党であっても反対したり、野党であっても賛成したりする。有権者が見ているからです。法案を通すために、与野党とも多数派工作をし少しでも多くの人が納得のいく法案にするべく努力もするでしょう。こうして政治に活力が出てくるのです。

日本の社会の閉塞感を打ち破り若者が未来に希望を持てるようにするためにも政治に活力を生まなくてはなりません。私は、そのためにも多様な候補者から選べる中選挙区制に戻すか、小選挙区制なら予備選挙を行うべきだと思うのです。代議制民主主義の柱である、有権者の代表を選出するためには、候補者そのものを有権者主導で選ぶべきなのです。

民主主義や自由は憲法や法律に定められているから達成されるわけではないのです。多くの人がそれを求めるという思いがあってこそ実現し、維持されるのです。

経済評論家の
ひとりごと

6

クリスマスの思い出

1974年ごろ。練馬区の大泉学園中学校の3階から見えるバス通り、3キロ先の大泉学園駅に続く大通りに不思議な建物が建った。ファミリーレストランのデニーズができたのです。それまでも、近くの中華料理店のラーメンや寿司屋から並のにぎりを出前で頼むことはあった。それが楽しみのひとつでした。今のようにウーバーイーツではなく、お店の人が無料で届けてくれた。食事が終わると、器を洗い玄関の外に出しておく。すると、適当な時にお店の人が器を下げにきてくれた。外食は時おり母らと出かけるデパートの大食堂が主なもので、三越が母のお気に入りでした。つまり地元で外食をすることは滅多になかったのです。そんな生活が一新した。ファミリーレストランに行くことになったのです。

それからは、母と妹と3人でファミリーレストランに時おり出かけた。いく度か父も誘ったのですが、父は自分の生活のリズムが壊されることを極力嫌がり毎回欠席でした。家族サービスなど必要でなく、給料を稼いでくる自分に家族がサービスすべきだと考えていた人だったのです。長岡の裕福な弁護士一家の子どもでしたから、他者に対して何かをすることができないのです。こうして、家族との距離ができても、きちんと食事が出て、部屋が綺麗に掃除されていれば満足する父でした。

土曜日の午後、夏休み、春休みの平日のランチタイムなど、ファミリーレストランに3人で出かけたものです。

毎回、母は口癖のように「好きなものを食べていいのよ」と言うのですが、母がどれだけ倹約して家計を守っているか、分かっていました。そして、母がかつて日本の植民地だった韓国ソウルで医者の家の娘として育ったものの、幼くして父を失い、太平洋戦争後の引き上げで大きく家庭環境が変わり、苦労して生きてきたことも知っていました。ですから、僕はメニューに載っている高額のサーロインステーキなどは遂に一度も頼むことがなかったです。というよりも、我が家で牛肉が出たことがなかったので食べたいと思わなかったのです。

頼むものはいつも安いハンバーグステーキでした。５８０円です。でも大きなエビフライが2つのった８３０円のメニューは頼むこともありました。目玉焼きがのるだけなら６８０円でしたが、それは頼まない。玉子の原価は10円ほどで、目玉焼きなら自分でも作れるのでわざわざ１００円も出して頼む必要がないと思ったからです。シンプルなハンバーグステーキか、エビフライ付のハンバーグステーキを選ぶことがほとんどだった。でも、エビフライ付のものを頼んでも、2つともエビフライを食べることはなく、ひとつは母か妹の皿にのせていました。高校に入ると僕の提案で、ごはんは3人が中や小のライスをそれぞれ頼むより、大のライスを１皿と取り皿を頼んで、3人でご飯を分け合う方が割安だとなりました。あとは飲み放題のコーヒーを頼む。

本当にハンバーグばかりを注文していました。毎回メニューはじっくり5分ほどかけて見るのですが、やっぱりハンバーグがいいなとなるのです。フルーツ好きの母や妹がフルーツパフェや夏にかき氷を頼むことが時おりあったくらいです。だいたい、２０００円くらいで3人が食事を楽しんだ。

就職して僕がそこそこ稼ぐようになってからは、「好きなものを頼んで」は、僕が言うようになっていたのですが、注文するものはやっぱり同じハンバーグでした。

よく出かけるファミリーレストランのひとつが西武池袋線、大泉学園駅前のすえひろ5でした。１００席近くある店は午後の一部の時間帯を除くと満員のことが多く、繁盛店でした。若いアルバイトのスタッフに混じって、50歳過ぎの痩せた中年の男が、白いシャツに、黒い蝶ネクタイとパンツで懸命になって働いていました。この人が店長でした。僕はあることがきっかけで、店に行くと店長の仕事や動きぶりが気になるようになりました。主にレジにいて会計をしているのですが、アルバイトの店員が忙しくて手がまわらず、お客の去ったままの座席があれば、出向いて皿を下げ、テーブルを拭き、備品を整え、少しでも早く次の客をテーブルに案内する。アルバイトに指示を出すよりも自分でやる。もちろん苦情を言う客がいると、対応し謝るのも店長の役目でした。

　バブル時代の日本では、見た目は冴えない姿でした。けれど、目の前の仕事に対して一生懸命働く。そんな姿勢で人生を生きている人は、立派だと思うようになりました。そんなふうに店長の仕事を見るようになったのが、あるクリスマスイブの食事の後からなのです。

　その日もいつもと同じハンバーグの食事をしていました。クリスマスだからと特別なものを注文したりしません。

　そろそろ帰ろうとしていた午後10時近くでした。母が急に僕に1万円札を出して、こう言ったのです。「治彦、悪いけどね、さらっとね、店長さんに、いつも美味しい食事をありがとうございます。これ、チップですって言って渡してきて。さらっとね」そう言ったのです。びっくりしました。母が1万円を倹約するために、どんな工夫をしているのか子どもの頃から見ています。それを、２０００円の食事をする店で出すのです。なぜ？　と質問すると、クリスマスだからとしか答えませんでした。

　言われたように渡すと店長は受け取って泣いてしまいました。

　なんで、母はあの店長に1万円ものチップを出したんだろう。とても不思議で、それから店長を観察するようになったのです。店長がいつも笑顔でどれほど細かな気配りをしながら働いているかが、僕の目にも入ってくるようになったのです。そして、思いました。きっと母は自分が苦労して働いていた時のひもじさや、辛さを思い出し、その冴えない男の姿をかつての自分に重ねていたのだと。つまり、チップは店長にではなく、かつての自分に渡したのだろうと思うのです。

かつて、日本は1億総中流社会と言われました。真面目に働けば誰もがそこそこの生活をすることができたものです。しかし、この20年弱で、誰もそんなことを言わなくなりました。今はむしろ世界でも最も過酷な格差社会となってしまいました。若いころ、海外で働いているときに、外国の友人に僕は胸を張って威張ったものです。日本の街にホームレスがこんなに溢れていることはない、きっとこれからもないだろうと言い張った。30年以上経ってみると、欧米よりもむしろ多い国になってしまいました。

令和の東京で生きていると、都会で真面目に必死に働いている人たちが目に入ってくる。

昨年閉店してしまった近くの串揚げ屋には、学費を稼ぐために働く高校生や、関西から俳優になることを夢見て上京した若者、アイドル志望の女の子、格闘技でのし上がってやると思っている青年とその彼女のカップルがバイトをしていた。そして、お互い大変なはずなのに気を使い支え合って働いていた。20年以上通う美容院には岡山から出てきた30代の青年がいます。店長からは愛想よく会話ができないことを指摘されますが、仕事はいつも丁寧です。そして、いつも笑顔で接してくれる女性スタッフもいます。最近通うようになったイタリアンでは、尾道から出てきた22歳の若者がいつか故郷に立派な店を開くんだと修業しています。いつも気持ちよくサービスしてくれるのです。緊急事態宣言でバイトの時間も減らされ大変だろうに、と思うのですが、そんなことはおくびにも出しません。

近くの整体の担当者は24歳。若いのに、どうやったら、もっといい結果が出せるだろうと、常に勉強して試してくれる。後ろに予約のない時には少し時間をオーバーしてまで頑張ってくれるのです。若いころの自分より立派な人ばかりです。

そんな店と人に出会えた僕は幸せものです。もちろん、いつも感謝の気持ちは伝えているのですが、苦虫を嚙み潰したような雰囲気の僕がいくら口で言ったとしてもどうでしょう。感謝の気持ちが伝わってるか、どうも満足できないのです。そこで、年末などに、銀行でもらった新札の5000円札をポチ袋に入れておき、それを、さらっと「ありがとう」の言葉とともに渡すことにしています。すると、もらった人の顔が和むのが分かります。

もう40年ほど前の、クリスマスイブのことを思い出します。そして、同時に僕は確認するのです。もうけっして若くない自分にとって、何十万円もする高級な腕時計や、ブランド品、数万円の高いワインや、高級車は要りません。もちろん億ションなんかまったく不要です。ただ僕のほしい経済力とは、素敵な人たちに出会い感謝の気持ちを形にしたい時に、さらっと、お礼を渡せる経済力なんだ、と。さらに、いつも確認するのです。じっくり見つめて生きていると、この世は感動に満ちていると。

あとがき――いざという時のために貯めなくてはならないもの

本を読んでくださった読者のみなさん、ありがとうございました。いかがだったでしょうか？　少しは安心できるようになったでしょうか？
これから自分がやるべきことの道筋が見えてきたでしょうか？
この本の冒頭でも書いたようにこの13年で日本に住む人の生活に大きく影響を与える経済危機は3回も起きました。嫌なことを申し上げますが、きっと、また起きるのだと思います。また、リストラや倒産、病気などでも収入が途絶えることはいつ起きるとも限りません。そんな時にも人生は続くのです。

「急に仕事を失っても、1年間は困らない貯蓄術」

この本のタイトルを見て、きっといろんなお金の貯め方を書いてある本だと思ったかたもいらっしゃるかもしれません。読んでみたら、いろんなことが書いてあってびっくりされた読者もおられると思います。もちろん、貯蓄は大切です。必ずしてください。しかし、危機の時に困らないために貯めるべきものは、お金だけではないのです。お金だけで危機を乗り切ることはむずかしいし、その必要もないのです。

もちろん貯蓄はとても大切です。最低でも数ヶ月は自分の蓄えだけで乗りこえる貯蓄はあったほうがいいです。

ただ、貯蓄をする前に考えてほしいのは、若くて楽しい時期に、我慢と節約だけで楽しい経験をしないままに過ごすのはばかげているということです。そんなふうにして貯める貯蓄は、哀しさが積もった貯蓄です。

時おり40歳くらいの方が、もう若くないから！　などと言われる場合があります。ちょっと待ってください。あなたの人生で今日が一番若いのです。10年先と比べると、今日は10歳も若いのです。別に高校生の時のような、破茶滅茶なことをしろとか、朝まで飲み明かそうとか、気になった芸能人を追いかけまわせとか、そんな楽しさを追求してくださいと言ってるわけではありません。まあ、たまにはそういうこともいいかもしれませんが……。

今の年齢でしてみたいこと、やってみたいことが、きっとあるはずです。そういうことを、すべて我慢してしまう人がいる。そんなことしないでくださいと申し上げているのです。

後から振り返って、42歳の時は、イタリアを旅行した。41歳の時には、とても綺麗なコーヒーカップを高かったけれど買って、それ以来愛用している。40歳の時には、親と歌舞伎座やオペラに行った。38歳の時には、高校以来の親友が絵描きになったので1枚油絵をお願いした。36歳の時には、仲間で甲子園球場を借りて野球をした。そういうふうに、後から思い出して愉快になれることを是非してほしいと思うのです。

だから、貯蓄をする目的であったとしても、削ってはいけない支出があることを意識してほしいのです。

必要なお金、楽しいことに使うお金を削るのではなく、無駄な支出を見直すことの大切さ。ストレス発散のためにお金を使うのではなく楽しいことのためにお金を使っていただきたいのです。そして、とくに考えてほしいこととして、家賃など住まいにかかわることや保険をこの本では取り上げました。無駄な保険は入らない。そして、せっかく入っている損害保険などは、危機の時にきちんと申請してお金をもらう。そのポイントについてもお話ししました。

また、生命保険の見直しをするためには、実は年金制度の理解がとても大切だということは、今は多くの方がうなずいてくださるのではないかと思います。

年金制度は決して老後のためだけのものではありません。遺族年金や障害年金の制度もあり、若くして起こってしまった危機の時に家族や子どもたちの生活を支えてくれることがある。それをきちんと知っておくことの大切さも、もう十分おわかりいただけたと思います。この本の3章と4章は年金のことが書かれています。きっと読んでいて、この本を読み進める時の、ちょっとした山だったことでしょう。僕も専門用語を山ほど使って、説明しなくてはいけないので、申し訳ない気持ちでいっぱいでした。読んでみたらやっぱりむずかしかったと思われたかもしれません。

それは、年金に関するいろいろの言葉が耳慣れないことからくるむずかしさがひとつの原因です。中高年の寡婦加算なんて、普段の会話ではけっしてしません。老齢基礎年金や遺族厚生年金、第1号被保険者という言葉もほとんど使いません。しかし、実際に請求する時、役所の方と連絡を取る時には、その名称がとても大切です。だから、それらに少し慣れておいてもらいたいのです。今回は初回です。最初からスラスラなんて行きません。どうか、この本を手元に置いて、また半年か1年経ったら、あと1回か2回は読んでみてください。これは、新しいスポーツを始めた時と同じなんです。同じトレーニングでも、最初は辛くてもだんだん慣れて、大変でもできるようになる。ですから、次に読む時には、最初に読んだ時より、もう少しすんなり読めるようになっていて驚くはずです。半年か1年経ったら読んでくださいというのは、あまり間を置き過ぎると、ほとんどすべてを忘れてしまって、またゼロからの積み重ねになってしまう。

考えてみてください。中学や高校で勉強する時にも、教科書や参考書を1度読んですべてすんなり分かった人は少ないと思います。繰り返して自分のものにする。分かったと思っていたことも、間違っていたりすることもある。だから、1度だけでなく繰り返す。繰り返していくうちに自分のものになる。年金のことも同じなのです。この本の説明は、大切なこと、落とし穴になりそうなところは、きちんと抑えながら、できるだけ簡潔に書けたと自負しています。だから、どうか、また読んでみてください。年金の知識を自分のものにできたら、とても大きな経済的な柱になるのです。

老後は必ずやってくる生活上の危機です。その時のためにも年金の知識はとても大切です。この本の中で何度も申し上げていますが、いろんな制度があっても、自分から手を上げないと、それらを自分の味方にすることはできません。誰も教えてくれません。だから、繰り返し読み直すことによって自分のものにしてほしいのです。

この本では取り上げませんでしたが、スマホや携帯などの通信料金は、毎年大きく変わっています。それを面倒くさいと見直さない。大手電力会社、ガス会社だけでなく、今は価格競争の時代です。それなら、どこの電力会社と契約するのが得なのか考える。また、不必要なクレジットカードは辞め、還元率の高いカードに切り替える。こうした工夫で、無理な節約はしなくても、お金はどんどん貯まっていくものです。

——面倒くさい、分からない。

そこを乗り越えられたら、あなたは経済的にも大きな武器を持ったことになるのです。

この本を読んでくださった方は、雇用保険やいろいろな公的補助を知っていることやその申請の方法などの知識を自分の中に貯めていくことも、大きな経済的な支えになることを理解してくださったと思います。

特にコロナの時には、業務量が減って困った会社から、少し仕事を休んでほしい、そのために給料を減らすことを受け入れてほしいと要請された場合は、正社員、非正規、アルバイト、シフト制勤務、働く形はどのようなものであっても、また、大企業から中小企業まで、国から毎月最大33万円の休業支援金（給付金）が出たのです。会社が手続きをしてくれなければ、本人が自ら手続きをすることもできる制度でした。家賃を払うのが大変であれば、住居確保給付金は最長1年間もらえたし、無利息、無保証人、さらに場合によって返済免除の緊急小口資金など、他にもいろんなものが用意されました。しかし、困っている大多数の人は、それらを知らない、申請しないまま、困った、困ったというだけでした。知っていればホームレスにならずにすんだ人も、死ななくてよかった人も少なくないはずです。僕は悔しくてなりませんでした。

国から送られてきたマスクや、簡単な書類に書き込んで送り返せばいいだけの1人10万円の特別定額給付金は多くの人がもらいましたが、それだけで長いコロナとの戦いに勝てるわけがありません。ところが申請しないのです。緊急小口資金や住居給付金は新型コロナウィルスで対応がアップデートされましたが、前からあった制度です。ですから、コロナ危機が去った後でも、ああ、あれがあったなと覚えておいてもらいたいです。

お金だけを貯めるだけではなく、知識を貯めること。少なくとも、こんなものもあったはずだと、知っておくことは、次の危機の時にとても大切です。そこをぜひみなさん、忘れないでください。遠慮することはありません。みなさんは税金を払っているのです。

危機を乗り切るには貯蓄や知識も大切ですが、自分自身の柔軟性も大切です。その時々の状況に応じて、うまく生活を変化させていく対応力のある生活スタイル。それが、無理めの住宅ローンや、高額の生命保険などで、将来の自分のお財布の自由度をどんどん縛ってしまうと、いくら、生活スタイルを変えて対応するといっても、すぐに限度が出てしまいます。考えてみてくださいね。

柔軟性のある生活力の環境づくりには技術の習得や準備も大切です。自分で調理をしてみる、食材はどうしたら無駄なく有効に使えるか考えてみる。そうした技術や考え方を自らの中に貯めていくのも、危機の時に困らない、強い自分になっていくひとつの方法だと思うのです。

さらに、災害の時、もしくは、仕事を失って家賃を払うことができなくなって、さまざまな支援策も万策が尽きたらどうするか。その時には、空部屋がいくつもある両親などのところに一時的にも転がり込むことになるかもしれないと考えているかもしれません。もしそうであるなら、少しずるいかもしれませんが、両親などとの日頃からの関係をどう保っておくべきかも、自ずから導き出されるものだと思うのです。

もしも、この本を読まれて、確かに情報や知識は大切だけれど、それを知るためにも、やっぱりスマホやパソコンなどを使いこなすことは必要だと思われた方もいると思います。よし、頑張ろうという人もいれば、自分にはむずかしいと思う人もいるでしょう。どうしてもむずかしいと思うのなら、気軽に聞ける人を何人か作ればいいのです。みんな大変な時代に生きていますから、他人があなたの生活を継続的に経済的に支えることはとてもむずかしいです。しかし、あなたが困っていたら、パソコンやスマホで必要な情報を嫌がらずに調べてくれる。そんな人を作ることはできるはずなのです。

つまり、良好な人間関係を蓄えておくことも、貯めておきたいことなのです。

さらに、仕事を失って困っている人に優しい制度を国が整備してくれるように政治の動きに興味を持つ。社会がそういった寛容さ、優しさを積み重ねていくようにすることも大切です。無関心でなく、そういう方向に国が動いていくようになってもらいたい。そう思ってより住みよい日本のために有権者として意思表示をし、行動していくことも、いざという時に大きな支えになるのです。いま困っている人が救済される世の中は、将来の自分や家族、友人が困った時にも救済される世の中だからです。

この本は亜紀書房の足立恵美さんという素敵な編集者と出会うことで生まれました。実用的な本でありながら、少し先のことも積極的に書くように背中も押してくださって生まれました。本当にありがとうございました。もしも、この本を読んでよかったなあと思われたら、足立さんが前の職場の時に担当をしてくれた『しあわせとお金の距離について』(晶文社)という本も手に入れていただけるとうれしいです。僕が色気を出して、気取ったタイトルの書籍になっていますが、内容は極めて現実的な生活とお金の話の本です。

足立さんに出会ったのも不思議なご縁です。何冊も本を作ったある編集者Kさんの紹介です。その編集者はその前のいくつかの本の編集者Tさんの紹介です、というようにどんどん繋がっていってます。また、この本を書くのに当たって、多くの人の助言や教えもいただきました。感謝します。特に、社会保険労務士でファイナンシャルプランナーの浜田裕也さんには、貴重な意見や助言をいただきました。僕よりずっと若い人ですが、とても優秀です。ありがとうございました。

僕が文章を書く時になくてはならないものは、伝えたい人、話しかけたい人です。僕はその人に向かって書く。最近は、僕の出る放送、特にラジオを聞いてくださっているリスナーのみなさんに向けて書いています。それも、ぼんやりしたものでなく、一人一人具体的な人の顔です。また、読者の方です。その人たちのお財布と心を少しでも暖かくしたい。ほっかほかほかにしたい。それが筆を運ばせるのです。だから、ラジオリスナーのみなさん、読者のみなさんにも、もう一度、お礼を申し上げます。

みなさんに語りかけたくて、知ってもらいたくて、書き進めることができたのです。

本を書く時には、その道しるべとなってくれ、本を買ってくださり、そして、最後まで読んでくださってありがとうございました。もしも、気に入ってくださったなら、いますぐ本棚にしまうのではなく、あなたの大切な人のそばに、さらっと置いてみてほしいです。「読んでみて」と付箋をつけて、大切な人が読みたくなるのを待ってあげてください。きっと、この本はあなたの大切な人も知っておいた方がいいことがたくさん書いてあると思うからです。

２０２１年４月　佐藤治彦

［編著］

佐藤治彦（さとう・はるひこ）

経済評論家、ジャーナリスト。1961年、東京都生まれ。慶應義塾大学商学部卒業、東京大学社会情報研究所教育部修了。JPモルガン、チェースマンハッタン銀行で銀行員としてデリヴァティブを担当。その後、短期の国連ボランティア、企業コンサルタント、放送作家を経て、テレビ、ラジオ、雑誌などで経済やマネーについての経済評論家、コメンテーターなどを務めている。著書に『年収300万～700万円 普通の人が老後まで安心して暮らすためのお金の話』『年収300万～700万円 普通の人がケチらず貯まるお金の話』（ともに扶桑社）、『お金が増える不思議なお金の話』（方丈社）、『しあわせとお金の距離について』（晶文社）などのほか、趣味の海外旅行を活かした『ガイドブックにぜったい載らない海外パック旅行の選び方・歩き方』（アスペクト）、『アジア自由旅行』（島田雅彦氏との共著、小学館）などの旅行関連の著書がある。

急に仕事を失っても、1年間は困らない貯蓄術

2021年5月8日　第1版第1刷発行

著者　佐藤治彦
発行所　株式会社亜紀書房
〒101-0051
東京都千代田区神田神保町1-32
TEL 03-5280-0261（代表） 03-5280-0269（編集）
http://www.akishobo.com/
振替　00100-9-144037
ブックデザイン　小口翔平＋須貝美咲＋三沢稜（tobufune）
イラスト　岡村優太
印刷・製本　株式会社トライ
http://www.try-sky.com/

978-4-7505- 1693-6　C0033